LES QUESTIONS ET RÉPONSES ULTIMES SUR L'IMMOBILIER

65 QUESTIONS QUE CHAQUE ACHETEUR DOIT POSER

GLEEN WILLIAM

Copyright © 2023 par Gleen William

Tous droits réservés. Aucune partie de cette publication ne peut être reproduite, distribuée ou transmise sous quelque forme ou par quelque moyen que ce soit, y compris la photocopie, l'enregistrement ou d'autres méthodes électroniques ou mécaniques, sans l'autorisation écrite préalable de l'éditeur, sauf dans le cas de brèves citations incorporées dans des critiques critiques et dans certaines autres utilisations non commerciales autorisées par la loi sur le droit d'auteur.

Ce livre est destiné à fournir de vastes connaissances et recommandations sur le thème de l'immobilier. Il ne remplace pas les conseils professionnels, et les lecteurs sont encouragés à consulter des professionnels qualifiés pour obtenir des conseils spécialisés et une aide adaptée à leur situation spécifique. L'auteur et l'éditeur ne font aucune réclamation ni garantie concernant l'exactitude, l'exhaustivité ou l'utilité du matériel fourni ici et déclinent toute responsabilité quant à la confiance ou à l'utilisation de ces informations.

TABLE DES MATIÈRES

INTRODUCTION 9
QUELLES SONT LES TENDANCES ACTUELLES DE L'IMMOBILIER ? 13
COMMENT FIXER MON BUDGET D'ACHAT D'UNE MAISON ? 15
QUEL TYPE DE PRÊT IMMOBILIER ME CONVIENT LE MIEUX ? 17
COMMENT AMÉLIORER MON SCORE DE CRÉDIT AVANT D'ACHETER ? 19
QUE DOIS-JE RECHERCHER DANS UN QUARTIER ? 21
COMMENT SÉLECTIONNER LE BON AGENT IMMOBILIER ? 23
QUELS DOCUMENTS DOIS-JE PRÉPARER POUR LE PROCESSUS D'ACHAT ? 25
QUELLES ÉTAPES SONT IMPLIQUÉES DANS LE PROCESSUS D'ACHAT D'UNE MAISON ? 27
COMMENT SAVOIR SI LE PRIX D'UNE PROPRIÉTÉ EST CORRECTEMENT ? 29
QUELS FACTEURS DOIS-JE CONSIDÉRER LORS D'UNE INSPECTION DE MAISON ? 31
COMMENT SAVOIR SI LE PRIX D'UNE PROPRIÉTÉ EST CORRECTEMENT ? 33
QU'EST-CE QUE L'ENTIERCEMENT ET COMMENT CELA FONCTIONNE-T-IL ? 35
QUEL EST LE RÔLE D'UN ESCROW OFFICER DANS LES TRANSACTIONS IMMOBILIÈRES ? 37

QU'EST-CE QU'UNE ÉVENTUALITÉ DANS UN CONTRAT IMMOBILIER ? 41

QUE SONT LES ÉVENTUALITÉS DANS LES CONTRATS IMMOBILIERS ? 43

QUELS SONT LES TYPES DE CAS COURANTS DANS LES CONTRATS IMMOBILIERS ? 45

QU'EST-CE QUE L'ASSURANCE PROPRIÉTAIRE ET POURQUOI EST-ELLE IMPORTANTE ? 47

COMMENT NÉGOCIER LA MEILLEURE AFFAIRE LORS DE L'ACHAT D'UNE MAISON ? 49

QUE DOIS-JE FAIRE SI J'AI DES PROBLÈMES PENDANT LE PROCESSUS D'ACHAT D'UNE MAISON ? 51

QUELLES SONT LES ERREURS COURANTES À ÉVITER LORS DE L'ACHAT D'UNE MAISON ? 53

QU'EST-CE QU'UNE GARANTIE HABITATION ET EN AI-JE BESOIN ? 55

QUELLE EST LA DIFFÉRENCE ENTRE UN HYPOTHÈQUE À TAUX FIXE ET UN HYPOTHÈQUE À TAUX AJUSTABLE ? 57

QUELS SONT LES FRAIS DE CLÔTURE ET QUI LES PAIE ? 59

QU'EST-CE QUE L'ASSURANCE HYPOTHÉCAIRE PRIVÉE (PMI) ET EN AI-JE BESOIN ? 61

COMMENT CHOISIR LE BON QUARTIER POUR ACHETER UNE MAISON ? 63

COMMENT SAVOIR SI JE SUIS PRÊT À ACHETER UNE MAISON ? 65

QU'EST-CE QUE L'ARGENT ET COMMENT CELA FONCTIONNE ? 67

QUE SONT LES PRÊTS SUR ÉQUIPE ET LES LIGNES DE CRÉDIT (HELOCS) ?...69

COMMENT PUIS-JE AMÉLIORER MON SCORE DE CRÉDIT AVANT D'ACHETER UNE MAISON ?......................................71

QU'EST-CE QU'UNE ÉVALUATION DE MAISON ET POURQUOI EST-ELLE IMPORTANTE ?.................................73

QUELS SONT LES AVANTAGES DE TRAVAILLER AVEC UN AGENT IMMOBILIER ?...75

QUE SONT LES PRÊTS SUR ÉQUIPE ET LES LIGNES DE CRÉDIT (HELOCS) ?...77

COMMENT PUIS-JE AMÉLIORER MON SCORE DE CRÉDIT AVANT D'ACHETER UNE MAISON ?......................................79

QU'EST-CE QU'UNE ÉVALUATION DE MAISON ET POURQUOI EST-ELLE IMPORTANTE ?.................................81

QUELS SONT LES AVANTAGES DE TRAVAILLER AVEC UN AGENT IMMOBILIER ?...83

QUELS SONT LES DRAPEAU ROUGE À SURVEILLER LORS DE L'ACHAT D'UNE MAISON ?...85

COMMENT FONCTIONNE LE PROCESSUS D'INSPECTION DE LA MAISON ?..87

COMMENT FONCTIONNENT LES IMPÔTS FONCIERS POUR LES PROPRIÉTAIRES ?..89

QU'EST-CE QUE LA DIVULGATION DU VENDEUR ET POURQUOI EST-ELLE IMPORTANTE ?.................................91

QU'EST-CE QUE ESCROW ET COMMENT CELA FONCTIONNE DANS L'IMMOBILIER ?...................................93

QU'EST-CE QU'UNE CONTRE-OFFRE EN IMMOBILIER ?..95

QU'EST-CE QU'UNE GARANTIE HABITATION ET DOIS-JE EN ACHETER UNE ?...97

COMMENT FONCTIONNENT LES IMPÔTS FONCIERS LORSQUE VOUS ACHETEZ UNE MAISON ? 99

QU'EST-CE QU'UNE INFORMATION CLÔTURE ET POURQUOI EST-ELLE IMPORTANTE ? 101

COMMENT DÉTERMINER MON RATIO DETTE SUR REVENU (DTI) POUR LES HYPOTHÈQUES ? 103

QUELS SONT QUELQUES FRAIS DE CLÔTURE TYPIQUES POUR L'ACHAT D'UNE MAISON ? 105

QU'EST-CE QUE L'ASSURANCE HYPOTHÉCAIRE PRIVÉE (PMI) ET EN AI-JE BESOIN ? 107

QU'EST-CE QU'UNE LIGNE DE CRÉDIT SUR LA Valeur domiciliaire (HELOC) ET COMMENT ÇA FONCTIONNE ?..109

QUELLE EST LA DISTINCTION ENTRE UN HYPOTHÈQUE À TAUX FIXE ET UN HYPOTHÈQUE À TAUX RÉVISABLE (ARM) ? 111

QUELLE EST LA DIFFÉRENCE ENTRE UN PRÊT CONVENTIONNEL ET UN PRÊT GARANTI PAR LE GOUVERNEMENT ? 113

QU'EST-CE QUE L'ARGENT ET POURQUOI EST-IL IMPORTANT DANS LES TRANSACTIONS IMMOBILIÈRES ? 115

QU'EST-CE QU'UNE ANALYSE COMPARATIVE DE MARCHÉ (CMA) ET POURQUOI EST-ELLE UTILE ? 117

QU'EST-CE QU'UNE ASSOCIATION DE PROPRIÉTAIRES (HOA) ET QUELLES SONT SES RESPONSABILITÉS ? 119

QU'EST-CE QUE L'ASSURANCE TITRE ET POURQUOI EST-ELLE IMPORTANTE ? 121

QU'EST-CE QU'UNE INSPECTION DE MAISON ET POURQUOI EST-ELLE IMPORTANTE ? 123

QUELS DRAPEAU ROUGE COURANT DEVRIEZ-VOUS RECHERCHER LORS D'UNE INSPECTION DE MAISON ? 125

QU'EST-CE QU'UNE CLAUSE ESCALADE DANS UNE OFFRE IMMOBILIÈRE ? 129

QU'EST-CE QUE LA DOUBLE AGENCE EN IMMOBILIER ? EST-CE LÉGAL ? 131

QU'EST-CE QU'UNE GARANTIE HABITATION ET EST-CE QUE ÇA VAUT LA VALEUR DE L'ACHETER ? 133

QUELS SONT QUELQUES FRAIS DE CLÔTURE COURANTS DANS LES TRANSACTIONS IMMOBILIÈRES ? 135

QU'EST-CE QU'UNE LIGNE DE CRÉDIT SUR LA Valeur domiciliaire (HELOC) ET COMMENT ÇA FONCTIONNE ? ..139

QU'EST-CE QU'UNE OPTION DE LOCATION DANS L'IMMOBILIER ET COMMENT ÇA MARCHE ? 143

QU'EST-CE QUE L'ASSURANCE HYPOTHÉCAIRE PRIVÉE (PMI) ET QUAND EST-ELLE REQUISE ? 145

QU'EST-CE QU'UN ÉCHANGE 1031 EN INVESTISSEMENT IMMOBILIER ? 147

QU'EST-CE QU'UN HYPOTHÈQUE INVERSÉ ET COMMENT CELA FONCTIONNE ? 151

QU'EST-CE QU'UNE VENTE À COURT EN IMMOBILIER ET COMMENT CELA FONCTIONNE-T-IL ? 155

QUELS SONT LES COÛTS CACHÉS DE L'Accession à la propriété ? 159

QUELLES SONT QUELQUES CONSIDÉRATIONS IMPORTANTES LORSQU'ON INVESTIT DANS DES PROPRIÉTÉS LOCATIVES ? 161

QUELS SONT QUELQUES CONSEILS POUR NÉGOCIER LE PRIX D'ACHAT D'UNE MAISON ? 165

CONCLUSION..169
RECONNAISSANCE 171

INTRODUCTION

Bienvenue dans « Les questions et réponses ultimes sur l'immobilier : 65 questions que chaque acheteur DOIT poser », votre guide complet pour naviguer dans le monde fascinant de l'immobilier avec confiance et clarté. Que vous soyez un acheteur d'une première maison entrant sur le marché pour la première fois ou un investisseur chevronné essayant de diversifier votre portefeuille, ce livre contient des informations essentielles, des conseils pratiques et des suggestions professionnelles pour vous aider à prendre des décisions éclairées à chaque étape.

Imaginez que vous vous trouvez sur le seuil de la maison de vos rêves, détenant les clés de votre avenir. Mais comment es-tu arrivé ici ? Le chemin vers l'accession à la propriété est semé de rebondissements, depuis l'obtention du financement nécessaire jusqu'à la découverte de la propriété idéale et la négociation d'un prix raisonnable. C'est là qu'intervient « The Ultimate Real Estate

Q&A », en tant que compagnon fiable lors de ce voyage passionnant.

Dans les pages suivantes, vous trouverez des réponses à soixante-cinq questions importantes que tout acheteur devrait se poser, couvrant un large éventail de thèmes essentiels à votre réussite sur le marché immobilier. Nous commencerons par démystifier les prêts hypothécaires, en passant en revue plusieurs alternatives de prêt et en expliquant les subtilités des taux d'intérêt, des acomptes et des frais de clôture.

Mais ce n'est que le début. Au fur et à mesure que nous progressons dans le livre, vous apprendrez des informations importantes sur les inspections de propriété, l'assurance titres, les procédures de dépôt fiduciaire et d'autres sujets.

Nous répondrons à des questions difficiles sur la négociation des prix d'achat, la gestion des ventes à découvert et des saisies, et même sur les stratégies d'investissement alternatives telles que les bourses 1031 et les prêts hypothécaires inversés.

Chaque chapitre se concentre sur un aspect distinct du processus d'achat d'une maison, fournissant des réponses claires et succinctes aux questions courantes ainsi que des conseils pratiques et des exemples concrets pour aider à clarifier les concepts cruciaux. En chemin, vous découvrirez des idées utiles, des perspectives professionnelles et des méthodes pratiques pour vous aider dans ce voyage fascinant.

Mais voici le meilleur : à la fin de chaque chapitre, nous vous laisserons avec un teaser, un aperçu alléchant du prochain sujet à l'horizon qui vous donnera envie de tourner la page et de découvrir des idées encore plus utiles. Qu'il s'agisse de déchiffrer les complexités de l'assurance hypothécaire privée, de naviguer dans les choix de location ou de maîtriser l'art de négocier le prix d'achat d'une maison, chaque chapitre s'appuie sur le précédent, vous rapprochant de votre rêve d'accession à la propriété.

Alors, êtes-vous prêt à commencer ce voyage avec nous ? Que vous soyez un premier acheteur ou un professionnel chevronné, « The Ultimate Real Estate Q&A » est votre guide pour réussir sur

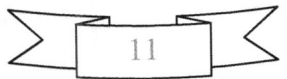

un marché immobilier en constante évolution. Plongeons-nous et trouvons ensemble les clés pour réaliser vos aspirations à l'accession à la propriété !

QUELLES SONT LES TENDANCES ACTUELLES DE L'IMMOBILIER ?

Bonjour, propriétaire potentiel ! Êtes-vous prêt à vous lancer dans le processus passionnant d'achat de la maison de vos rêves ? Avant d'entrer dans le domaine de l'immobilier, parlons de quelque chose de très important : les tendances du marché. Oui c'est vrai ! Comprendre le marché immobilier peut améliorer considérablement votre expérience d'achat d'une maison.

Alors, qu'est-ce qui constitue réellement les tendances du marché ? En termes simples, ce sont les tendances et les changements sur le marché immobilier qui peuvent influencer tout, depuis les prix de l'immobilier jusqu'aux niveaux des stocks. Et croyez-moi, rester au courant de ces tendances peut vous donner un avantage considérable lorsqu'il s'agit de choisir la maison idéale.

Décomposons-le un peu plus. Vous voudrez savoir s'il s'agit d'un marché d'acheteurs ou de vendeurs. Dans un marché d'acheteurs, il y a plus de propriétés à vendre que d'acheteurs, ce qui peut vous donner un avantage lors de la négociation des tarifs. En revanche, sur un marché favorable aux vendeurs, il y a plus d'acheteurs que de logements disponibles, ce qui entraîne une concurrence accrue et des prix potentiellement plus élevés.

Mais attendez, il y a plus ! Les taux d'intérêt et l'abordabilité de la propriété sont également des facteurs importants à prendre en compte.

Les taux d'intérêt bas rendent les emprunts hypothécaires moins coûteux, tandis que les taux d'intérêt élevés ont l'effet inverse. Bien entendu, l'abordabilité du logement joue un rôle important pour déterminer si le moment est venu d'acheter.

Maintenant, permettez-moi de vous donner un exemple concret pour illustrer cette idée. Supposons que vous recherchez une propriété dans une communauté où les prix ont augmenté régulièrement au cours des derniers mois. Cela pourrait indiquer qu'il s'agit désormais d'un marché de vendeurs et que vous devrez agir rapidement si vous trouvez la maison que vous souhaitez. D'un autre côté, si vous êtes dans un marché où les prix ont baissé et où il y a beaucoup de stocks parmi lesquels choisir, vous aurez peut-être plus de latitude pour marchander et prendre votre temps pour trouver la propriété idéale.

Alors, comment pouvez-vous suivre toutes ces tendances du secteur ? Heureusement, plusieurs services sont disponibles pour vous aider. Vous pouvez surveiller les sites Web immobiliers locaux, lire les actualités les plus récentes ou parler avec un agent immobilier réputé qui comprend le marché.

Le chapitre suivant explique comment établir un budget pour l'achat d'une propriété. Croyez-moi, vous ne voudrez pas le manquer !

COMMENT FIXER MON BUDGET D'ACHAT D'UNE MAISON ?

Bon, entrons dans le vif du sujet de l'achat d'une maison : votre budget ! Il est essentiel de calculer combien vous pouvez dépenser confortablement pour votre nouvelle maison. Mais ne vous inquiétez pas, je suis là pour vous l'expliquer en termes simples.

Avant tout, évaluez votre situation financière. Combien gagnes-tu par mois ? Et combien dépensez-vous en factures, en courses et, soyons honnêtes, en vous livrant occasionnellement à vos plaisirs coupables préférés ? Il est essentiel d'avoir une idée claire de vos revenus et dépenses mensuels afin de pouvoir déterminer combien il vous reste pour les frais de logement.

Parlons ensuite de la dette. Y a-t-il des dettes impayées ou des soldes de cartes de crédit ? Si tel est le cas, incluez-les également dans votre budget. Les prêteurs tiendront compte de votre ratio d'endettement lorsqu'ils détermineront le montant qu'ils sont prêts à vous offrir. Vous devez donc savoir où vous en êtes.

Passons maintenant à la partie passionnante : épargner pour un acompte. La plupart des prêteurs vous demanderont de verser dès le départ une proportion spécifique du prix d'achat de la maison. La norme est généralement d'environ 20 %, mais il existe des programmes destinés aux acheteurs d'une première maison qui permettent des mises de fonds moins importantes. N'oubliez pas que plus vous pouvez verser d'avance, plus vos mensualités hypothécaires seront faibles.

Mais attendez, il y a plus à considérer ! Vous devriez également envisager des dépenses supplémentaires telles que les taxes foncières, l'assurance habitation et les frais d'entretien. Ceux-ci peuvent s'accumuler rapidement, alors intégrez-les à votre budget dès le départ.

Maintenant, permettez-moi de donner un exemple concret pour démontrer cette notion. Imaginons que vous gagniez 5 000 $ par mois après impôts et que vous ayez 2 000 $ de dépenses mensuelles. Cela vous laisse environ 3 000 $ par mois pour couvrir les frais de logement. Si vous souhaitez verser une mise de fonds de 20 % sur une maison de 300 000 $, vous aurez besoin de 60 000 $ d'avance. Vous devrez également prévoir un budget pour les taxes foncières, l'assurance et l'entretien, ce qui pourrait ajouter quelques centaines de dollars à vos dépenses mensuelles.

Alors, comment rassembler tout cela pour créer votre budget ? C'est comme reconstituer un puzzle. Vous devrez analyser soigneusement tous les éléments – vos revenus, vos dépenses, vos économies et vos frais supplémentaires – et les assembler pour avoir une idée de ce que vous pouvez réellement vous permettre.

Dans le chapitre suivant : Nous passerons en revue les différents types de prêts immobiliers disponibles et vous aiderons à déterminer celui qui convient le mieux à votre budget et à votre situation financière. Croyez-moi, vous ne voudrez pas le manquer !

QUEL TYPE DE PRÊT IMMOBILIER ME CONVIENT LE MIEUX ?

Bon, parlons de prêts immobiliers ! Avec autant d'alternatives disponibles, il peut être difficile de décider laquelle vous convient le mieux. Mais ne vous inquiétez pas, je vous expliquerai tout pour que vous puissiez prendre une décision éclairée.

Tout d'abord, parlons du type de prêt immobilier le plus répandu : le prêt conventionnel. Il s'agit de votre prêt hypothécaire standard qui n'est garanti par aucun organisme gouvernemental. Les prêts conventionnels nécessitent normalement un acompte de 20 % et des critères de crédit stricts, mais ils peuvent offrir des taux d'intérêt plus bas et une plus grande flexibilité dans les modalités de prêt.

Ensuite, nous avons les prêts FHA. Il s'agit de prêts garantis par la Federal Housing Administration qui sont populaires parmi les primo-accédants qui ne disposent pas d'une mise de fonds importante. Un prêt FHA vous permet de verser aussi peu que 3,5 % et peut être admissible avec une cote de crédit inférieure à celle d'un prêt conventionnel. Cependant, les prêts FHA nécessitent des primes d'assurance hypothécaire supplémentaires, ce qui peut augmenter vos mensualités.

Il existe ensuite les prêts VA, spécialement conçus pour le personnel militaire en service actif, les anciens combattants et les conjoints survivants admissibles. Les prêts VA offrent un financement à 100 % sans acompte et ont généralement des taux d'intérêt inférieurs à ceux des prêts conventionnels. De plus, ils ne nécessitent pas d'assurance hypothécaire privée, ce qui peut vous faire économiser de l'argent à long terme.

N'oubliez pas les prêts USDA, destinés aux emprunteurs à revenus faibles ou modérés des communautés rurales. Ces prêts offrent un financement à 100 %, sans mise de fonds et ont souvent des taux d'intérêt inférieurs à ceux du marché. Cependant, l'éligibilité est soumise à des restrictions rigoureuses en matière de revenu et de géographie.

Maintenant, permettez-moi de donner un exemple concret pour démontrer cette notion. Supposons que vous êtes un acheteur d'une première maison et que vous disposez de peu d'économies pour une mise de fonds. Un prêt FHA peut vous convenir car il prévoit un acompte inférieur et des exigences de crédit plus flexibles. D'un autre côté, si vous êtes un vétéran qui tente d'acheter une maison sans mise de fonds, un prêt VA peut être la solution.

Alors, comment choisir la forme de prêt immobilier qui vous convient le mieux ? Tout dépend de votre situation financière personnelle et de vos ambitions. Prenez votre temps pour peser les avantages et les inconvénients de chaque option et n'hésitez pas à parler avec un prêteur réputé qui pourra vous orienter dans la bonne direction.

Dans le chapitre suivant : Nous verrons comment augmenter votre pointage de crédit avant d'acheter une maison afin que vous puissiez bénéficier des meilleures conditions de prêt possibles. Croyez-moi, vous ne voudrez pas le manquer !

COMMENT AMÉLIORER MON SCORE DE CRÉDIT AVANT D'ACHETER ?

Bon, parlons d'un élément essentiel du processus d'achat d'une maison : votre cote de crédit. Votre pointage de crédit est un facteur crucial pour déterminer si vous êtes admissible à un prêt hypothécaire et quel taux d'intérêt vous est proposé. Mais pas de panique, il existe de nombreuses mesures que vous pouvez prendre pour améliorer votre cote de crédit avant de devenir propriétaire.

Avant tout, examinez votre dossier de crédit. Chaque année, vous pouvez demander une copie gratuite de votre rapport de crédit auprès de chacune des trois principales agences d'évaluation du crédit : Equifax, Experian et TransUnion. L'examen de votre rapport de crédit peut vous offrir une image claire de votre situation et vous permettre d'identifier tout problème ou inexactitude susceptible de faire baisser votre score.

Ensuite, concentrez-vous sur le remboursement de votre dette actuelle. Votre ratio d'utilisation du crédit, qui compare le montant du crédit que vous utilisez au total de votre crédit disponible, est un élément important pour déterminer votre pointage de crédit. Maintenez votre utilisation du crédit en dessous de 30 % pour démontrer une bonne gestion du crédit.

Si vous avez des comptes ou des recouvrements en souffrance dans votre dossier de crédit, essayez de les rectifier. Rembourser les montants en souffrance ou négocier des règlements avec les créanciers peut contribuer à améliorer votre cote de crédit au fil du temps.

N'oubliez pas les ennuyeux retards de paiement ! L'historique des paiements est l'élément le plus essentiel pour déterminer votre pointage de crédit, alors payez toujours vos paiements à temps. Configurez des paiements ou des rappels automatiques pour rester sur la bonne voie et éviter les erreurs répétées.

Maintenant, permettez-moi de vous donner un exemple concret pour illustrer cette idée. Supposons que vous possédez une carte de crédit avec une limite de 1 000 $ et un solde de 500 $. Cela suggère que votre pourcentage d'utilisation du crédit est de 50 %, ce qui peut faire baisser votre score. En remboursant votre solde à 300 $, vous pouvez réduire votre taux d'utilisation à 30 % et potentiellement améliorer votre pointage de crédit.

Alors, combien de temps faudra-t-il pour observer une amélioration de votre cote de crédit ? Cela dépend de votre propre situation financière et des efforts que vous déployez pour remédier aux problèmes. Dans l'ensemble, vous pouvez vous attendre à constater des améliorations progressives au fil du temps à mesure que vous démontrerez une gestion appropriée du crédit.

Voici un petit conseil pour le prochain chapitre : Nous discuterons des éléments à rechercher dans une communauté lors de l'achat d'une maison afin que vous puissiez localiser le secteur idéal pour vous installer. Croyez-moi, vous ne voudrez pas le manquer !

QUE DOIS-JE RECHERCHER DANS UN QUARTIER ?

Bonjour, voisin potentiel ! Avant de commencer à planifier où exposer vos œuvres d'art préférées ou comment disposer vos meubles, pensez à quelque chose d'aussi important : le quartier. Après tout, la sélection de la communauté idéale peut faire ou défaire votre parcours d'achat d'une maison. Alors que devrais-tu chercher?

Parlons d'abord de la sécurité. Vous voudrez vous sentir en sécurité dans votre nouvelle communauté, alors examinez les taux de criminalité et les statistiques de sécurité. Recherchez des quartiers avec de faibles taux de criminalité et un fort sentiment d'appartenance à la communauté. Conduisez à différentes heures du jour et de la nuit pour avoir une idée du caractère de la région et vous assurer de vous sentir en sécurité.

Parlons ensuite des commodités. Qu'y a-t-il à proximité qui compte pour vous ? Êtes-vous un fin gourmet qui aime découvrir de nouveaux restaurants ? Préférez-vous passer du temps dehors dans les parcs ou les zones de loisirs ? Peut-être recherchez-vous des écoles réputées pour vos enfants ou un accès pratique aux transports en commun. Faites une liste des équipements indispensables et classez les communautés qui cochent le plus de cases.

Mais attendez, il y a plus ! Discutons des valeurs des propriétés. Pendant que vous recherchez la bonne propriété, vous devez également évaluer les possibilités d'investissement à long terme du quartier.

Recherchez les régions où la valeur des propriétés a progressivement augmenté au fil du temps, car cela peut indiquer une communauté souhaitable et stable.

Maintenant, permettez-moi de donner un exemple concret pour démontrer cette notion. Supposons que vous êtes un jeune professionnel qui aime l'agitation de la vie urbaine. Vous appréciez la proximité des restaurants et des discothèques à la mode. Vous souhaiterez peut-être limiter votre recherche aux quartiers urbains en plein essor qui ont une ambiance animée et de nombreuses commodités accessibles à pied.

Alors, comment choisir le quartier qui vous convient le mieux ? Il s'agit de faire ses devoirs et de prendre le temps d'étudier divers sujets. Parlez aux habitants, lisez les critiques de quartier en ligne et promenez-vous dans la région pour vous faire une idée de la communauté. N'hésitez pas non plus à faire confiance à votre instinct ; si quelque chose ne vous semble pas correct, ce n'est probablement pas la solution idéale pour vous.

Néanmoins, dans le chapitre suivant : Nous verrons comment sélectionner le meilleur agent immobilier pour vous aider à naviguer facilement dans le processus d'achat d'une maison. Croyez-moi, vous ne voudrez pas le manquer !

COMMENT SÉLECTIONNER LE BON AGENT IMMOBILIER ?

Bon, il est maintenant temps de parler de votre agent immobilier, qui sera votre guide de confiance dans les méandres du processus d'achat d'une maison. Mais, avec autant d'agents disponibles, comment choisir celui qui vous convient le mieux ? Décomposons-le en étapes simples.

Avant tout, vous devez mener vos propres recherches. Commencez par demander des recommandations à vos amis, à votre famille et à vos collègues. Les références personnelles sont souvent le moyen le plus efficace d'identifier un agent fiable ayant fait ses preuves. Vous pouvez également lire des critiques sur Internet et visiter les sites Web des agents pour avoir une idée de leurs compétences et de leur expérience.

L'étape suivante consiste à mener des entretiens avec d'éventuels agents. Traitez-le comme un entretien d'embauche ; après tout, vous les employez pour vous aider à prendre l'une de vos décisions financières les plus importantes ! Renseignez-vous sur leur expérience sur le marché local, leurs capacités de négociation et leur attitude envers la communication avec les clients. Vous aurez envie de découvrir quelqu'un qui est attentif à vos demandes et qui a vos meilleurs intérêts à l'esprit.

Mais ne les croyez pas sur parole ; demandez des références. Un agent réputé se fera un plaisir de vous fournir les coordonnées d'anciens clients qui peuvent attester de leur professionnalisme et de leur efficacité. Contactez ces références et renseignez-vous sur leur expérience de travail avec l'agent.

Maintenant, permettez-moi de donner un exemple concret pour démontrer cette notion. Supposons que vous êtes un acheteur d'une première maison et que vous vous sentez un peu dépassé par l'ensemble du processus. Vous voulez un agent qui vous guidera en douceur à chaque étape et vous expliquera tout dans un anglais simple. Lors de vos entretiens, vous découvrez un agent qui possède non seulement des années d'expertise, mais aussi un talent pour simplifier des concepts complexes. Bingo, vous avez trouvé votre partenaire idéal !

Alors, comment savoir si vous avez découvert le bon agent ? C'est un peu comme découvrir la paire de chaussures idéale : il suffit de savoir. Faites confiance à votre instinct et trouvez un agent qui vous fait sentir en sécurité et à l'aise.

QUELS DOCUMENTS DOIS-JE PRÉPARER POUR LE PROCESSUS D'ACHAT ?

Très bien, préparez-vous car nous sommes sur le point d'entrer dans la paperasse ! Lorsqu'il s'agit d'acheter une maison, vous devez avoir tout en ordre, y compris les documents nécessaires. Résumons-le en termes simples.

Tout d'abord, rassemblez vos documents financiers. Cela comprend les fiches de paie, les W-2 et les déclarations de revenus des années précédentes. Votre prêteur examinera ces documents pour vérifier vos revenus et déterminer si vous êtes suffisamment en sécurité financière pour être admissible à un prêt hypothécaire.

Parlons maintenant de la preuve de patrimoine. Cela peut inclure des relevés bancaires, des relevés de compte d'investissement et des preuves de tout autre actif que vous possédez. Votre prêteur voudra vérifier que vous disposez de suffisamment d'argent pour un acompte et les frais de clôture, alors soyez prêt à soumettre des preuves pour tous vos actifs.

Mais attendez, il y a plus ! Vous devrez également obtenir des documents concernant votre travail et votre résidence. Cela pourrait contenir des lettres de vérification d'emploi, des contrats de location et des factures de services publics. Votre prêteur voudra s'assurer que vous avez un travail stable et que vous avez l'habitude de payer vos dépenses à temps.

Maintenant, permettez-moi de donner un exemple concret pour démontrer cette notion. Imaginons que vous soyez un jeune professionnel qui loue un appartement depuis plusieurs années. Vous devrez compiler vos fiches de paie pour confirmer vos revenus, ainsi que votre contrat de location pour démontrer votre historique de paiements en temps opportun. Vous devrez également soumettre des documents pour toute épargne ou actif utilisé pour payer l'acompte et les frais de clôture.

Alors, comment restez-vous organisé pendant le processus de collecte de documents ? Il s'agit d'établir une liste de contrôle et de respecter les délais. Commencez à rassembler vos documents dès le début du processus d'achat d'une maison et conservez-les dans un fichier ou un dossier. De cette façon, si votre prêteur demande quelque chose, vous serez prêt à l'offrir sans aucune difficulté de dernière minute.

QUELLES ÉTAPES SONT IMPLIQUÉES DANS LE PROCESSUS D'ACHAT D'UNE MAISON ?

Bon, procédons étape par étape : la procédure d'achat d'une maison. Cela peut paraître intimidant au début, mais croyez-moi, ce n'est pas aussi compliqué qu'il y paraît. Voici une version simplifiée pour vous guider :

Obtenez une pré-approbation pour un prêt hypothécaire : Avant de commencer à chercher une maison, vous devez savoir combien vous pouvez vous permettre. Obtenir une pré-approbation pour un prêt hypothécaire vous aidera à comprendre votre budget et à montrer aux vendeurs que vous êtes un acheteur sérieux.

Trouvez le bon agent immobilier : Votre agent immobilier vous guidera tout au long du processus, de la recherche de propriétés à la négociation de la vente. Prenez votre temps pour trouver un agent qui connaît vos besoins et possède de l'expérience dans votre domaine cible.

Commencer la recherche d'un logement : C'est la phase passionnante ! Votre agent vous aidera à trouver des propriétés qui répondent à vos besoins et à planifier des visites auxquelles vous pourrez assister. N'hésitez pas à poser des questions et à passer du temps à examiner chaque maison.

Faire une offre : Une fois que vous avez découvert l'emplacement idéal, il est temps de soumettre une offre. Votre agent vous aidera à déterminer un prix raisonnable et à négocier avec le vendeur en votre nom.

Examen à domicile : Un examen professionnel à domicile est requis avant de conclure la transaction. Cela révélera tous les défauts potentiels de la propriété que vous auriez pu négliger lors de votre première visite.

Financement sécurisé : Une fois votre offre approuvée, vous devez finaliser votre financement hypothécaire. Travaillez avec votre prêteur pour fournir toute documentation supplémentaire requise et terminez le processus de souscription.

Fermeture : Il est maintenant temps de conclure l'affaire ! C'est à ce moment-là que vous signerez tous les documents, paierez tous les frais de clôture impayés et assumerez officiellement la propriété de la propriété. Félicitations, vous êtes désormais propriétaire !

COMMENT SAVOIR SI LE PRIX D'UNE PROPRIÉTÉ EST CORRECTEMENT ?

Ah, la vieille question : cette maison vaut-elle son prix ? Déterminer si le prix d'une maison est correct nécessite un travail de détective, mais ne vous inquiétez pas, je suis là pour vous. Voici quelques points cruciaux à considérer :

Ventes comparables : Examinez les ventes récentes de maisons comparables dans le quartier pour avoir une idée du prix de vente de maisons similaires. Cela vous fournira une base de comparaison et vous permettra de décider si le prix demandé est cohérent avec les tendances du marché.

Tenez compte de l'état de la propriété et de toutes les améliorations ou rénovations qui ont été effectuées. Une propriété bien entretenue et dotée d'équipements modernes peut justifier un prix demandé plus élevé, tandis qu'une propriété à rénover peut justifier une offre inférieure.

Emplacement, emplacement, emplacement : La valeur d'une propriété est fortement influencée par son emplacement. Les districts scolaires, la proximité des installations et l'attrait du quartier ont tous un impact sur le prix.

Les conditions du marché : Pensez à l'état du marché immobilier. Sur un marché favorable aux vendeurs, où la demande dépasse l'offre, les prix peuvent augmenter. Sur un marché d'acheteurs, où l'offre dépasse la demande, les prix peuvent être réduits.

Évaluation : Après avoir fait une offre sur une maison, votre prêteur demandera une évaluation pour évaluer sa valeur marchande. Si l'évaluation est inférieure au prix d'achat convenu, vous devrez peut-être renégocier avec le vendeur ou renoncer à la transaction.

En prenant en compte ces aspects et en travaillant en étroite collaboration avec votre agent immobilier, vous serez mieux en mesure de décider si une maison a un prix raisonnable et de prendre une décision éclairée quant à l'opportunité de faire une offre.

QUELS FACTEURS DOIS-JE CONSIDÉRER LORS D'UNE INSPECTION DE MAISON ?

Très bien, futur propriétaire, retroussons nos manches et passons aux choses sérieuses : l'inspection de la maison. Cette phase est essentielle pour garantir que la maison que vous visitez est en excellent état et exempte de toute surprise cachée. Alors, que devez-vous rechercher lors de l'inspection de votre maison ? Décomposons-le :

Intégrité structurelle : L'inspecteur évaluera soigneusement la structure de la maison, y compris les fondations, les murs, le toit et le grenier, pour s'assurer que tout est sain et exempt de problèmes graves tels que des fissures ou des dégâts d'eau.

Plomberie : Ils inspecteront également le système de plomberie, qui comprend les tuyaux, les accessoires et les drains, pour s'assurer que tout est en bon état de fonctionnement et exempt de fuites ou d'obstructions.

Systèmes électriques : L'inspecteur examinera le système électrique pour s'assurer qu'il est conforme aux exigences de sécurité en vigueur et qu'il est exempt de dangers tels qu'un câblage défectueux ou des circuits surchargés.

Systèmes CVC : Ils inspecteront les systèmes de chauffage, de ventilation et de climatisation (CVC) pour s'assurer qu'ils sont opérationnels et efficaces. Cela implique d'inspecter la fournaise, le climatiseur et les conduits pour déceler tout problème.

Appareils et luminaires : L'inspecteur testera tous les appareils et accessoires de la maison, y compris la cuisinière, le lave-vaisselle et les robinets, pour confirmer qu'ils sont en bon état de fonctionnement. Ils rechercheront également des preuves de dommages ou d'usure.

Infestations de parasites et de moisissures : Ils vérifieront la maison à la recherche de signes d'infestations de parasites, tels que des termites ou des rats, ainsi que de moisissures, ce qui pourrait signaler des problèmes d'humidité.

Enfin, l'inspecteur recherchera tout problème de sécurité potentiel dans la maison, comme des rampes d'escalier manquantes, des détecteurs de fumée défectueux ou des prises électriques dangereuses.

Une fois l'inspection terminée, vous recevrez un rapport détaillé expliquant les défauts découverts. Ces informations vous aideront à prendre une décision éclairée quant à savoir si vous devez procéder à l'achat, négocier les réparations avec le vendeur ou abandonner complètement la transaction.

N'oubliez pas qu'une inspection de la maison est votre chance de découvrir tout problème potentiel avec la propriété avant de vous engager à l'acheter. Alors, ne négligez pas cette étape ; cela pourrait éventuellement vous faire économiser beaucoup de temps, d'argent et de tracas.

COMMENT SAVOIR SI LE PRIX D'UNE PROPRIÉTÉ EST CORRECTEMENT ?

Bonjour, acheteur de maison intelligent ! Êtes-vous prêt à répondre à l'une des questions les plus essentielles de l'immobilier ? Discutons des prix. Savoir si une propriété a un prix raisonnable peut vous faire économiser beaucoup de temps, d'argent et de stress pendant le processus d'achat d'une maison. Voici comment déterminer si le prix d'une propriété est raisonnable :

Analyse comparative du marché (AMC) : Examinez les données de ventes récentes de maisons comparables dans le quartier. Une CMA vous fournira une image claire du prix de vente récent de maisons similaires, vous permettant de déterminer si le prix demandé correspond aux tendances du marché.

Considérez l'état de la propriété. Est-il prêt à emménager ou nécessite-t-il des réparations et des mises à jour importantes ? Ajustez votre évaluation de prix en fonction de l'état du bien par rapport aux propriétés comparables du quartier.

Facteurs d'emplacement : L'emplacement est important ! Tenez compte des équipements communautaires, des districts scolaires, de la proximité des transports et d'autres facteurs qui influencent la valeur des propriétés. Un emplacement privilégié peut justifier un prix plus élevé.

Les conditions du marché : Déterminer la situation actuelle du marché immobilier. Dans un marché favorable aux vendeurs, caractérisé par une forte demande et de faibles stocks, les prix peuvent augmenter. Les prix peuvent être plus négociables sur un marché d'acheteur, si l'offre dépasse la demande.

Valeur d'expertise : Lorsque vous faites une offre sur une propriété, votre prêteur ordonnera une évaluation pour déterminer sa valeur. Si l'évaluation est inférieure au prix d'achat convenu, cela peut suggérer que le bien est surévalué.

En tenant compte de ces aspects et en travaillant en étroite collaboration avec votre agent immobilier, vous serez mieux en mesure de décider si le prix d'une propriété est raisonnable par rapport à sa valeur marchande actuelle.

QU'EST-CE QUE L'ENTIERCEMENT ET COMMENT CELA FONCTIONNE-T-IL ?

Escrow peut sembler un terme sophistiqué, mais il s'agit essentiellement d'une notion simple qui joue un rôle important dans le processus d'achat d'une maison. Expliquons-le en termes simples.

Qu'est-ce que le dépôt fiduciaire ? Il s'agit d'un compte tiers neutre qui détient des fonds pendant le processus d'achat d'une maison. Il agit comme agent de liaison entre l'acheteur et le vendeur, garantissant que les deux parties respectent leurs engagements avant la finalisation de la transaction.

Comment ça marche?: Lorsque vous faites une offre sur une maison et que le vendeur l'accepte, vous déposez normalement des arrhes en séquestre. Cela indique au vendeur que vous envisagez sérieusement d'acheter la maison. Les sommes sont conservées sous séquestre jusqu'à la clôture, moment auquel elles sont appliquées à votre acompte et aux frais de clôture.

Le responsable du dépôt fiduciaire est souvent un professionnel d'une entreprise de titres ou de dépôt fiduciaire qui gère le processus de dépôt fiduciaire. Ils vérifieront que tous les documents et finances requis sont en ordre avant la finalisation de la transaction.

Chronologie : Le calendrier du processus de dépôt varie en fonction de facteurs tels que la complexité de la transaction et les critères du prêteur. Escrow s'ouvre généralement dès que le contrat d'achat est conclu et reste ouvert jusqu'à la clôture.

conditions : Pendant la période de séquestre, l'acheteur et le vendeur peuvent être tenus de remplir des conditions spécifiques mentionnées dans le contrat d'achat. Celles-ci pourraient impliquer de réaliser une inspection de la maison, une évaluation ou d'obtenir une approbation de financement.

Fermeture : Une fois que toutes les éventualités ont été remplies et que le prêteur a financé le prêt, la transaction entre dans la phase de clôture. À la clôture, l'argent restant est déposé en séquestre et le responsable du séquestre le distribue aux parties concernées, telles que le vendeur, les agents immobiliers et toute autre partie engagée dans la transaction.

Dans l'ensemble, le séquestre est un moyen sûr et efficace de gérer les aspects financiers d'une transaction immobilière, offrant aux acheteurs et aux vendeurs une tranquillité d'esprit tout au long.

QUEL EST LE RÔLE D'UN ESCROW OFFICER DANS LES TRANSACTIONS IMMOBILIÈRES ?

Un séquestre est chargé d'organiser la clôture d'une transaction immobilière. Ce qui suit est un aperçu des responsabilités et des devoirs d'un agent de dépôt :

Le séquestre sert d'intermédiaire neutre entre l'acheteur, le vendeur, le prêteur et les autres parties à la transaction. Le responsable du séquestre conserve les documents critiques et les fonds sous séquestre jusqu'à ce que toutes les conditions de vente soient remplies et que la transaction soit prête à être conclue.

Engagement d'ouverture : Une fois que l'acheteur et le vendeur ont signé un contrat d'achat, le séquestre ouvre un compte séquestre pour conserver le dépôt d'acompte et les autres espèces de transaction.

Le séquestre rassemble les documents et informations appropriés auprès des parties impliquées et veille à ce que tous les documents requis soient remplis et signés.

Recherche de titre et examen : L'agent de dépôt collabore avec une société de titres pour effectuer une recherche de titre et un examen de la propriété afin de s'assurer qu'il n'y a pas de privilèges, de charges ou de problèmes juridiques qui pourraient compromettre la transaction. Le responsable du séquestre vérifie l'engagement du titre et répond à tout problème de titre qui pourrait surgir avant la clôture.

Le séquestre travaille avec l'acheteur, le vendeur, le prêteur, les agents immobiliers et d'autres parties pour planifier la date et l'heure de clôture. Le séquestre crée les documents de clôture, qui comprennent la déclaration de règlement, l'acte et d'autres documents juridiques requis pour la transaction.

Décaissement des sommes : À la clôture, l'agent séquestre utilise l'argent du compte séquestre pour rembourser l'hypothèque existante du vendeur, les frais de clôture et toute autre dépense liée à la transaction. Le séquestre veille à ce que l'argent soit distribué correctement et conformément au contrat d'achat et aux instructions de clôture.

Enregistrement des documents : Après la clôture, le séquestre fait en sorte que l'acte et les autres documents juridiques soient enregistrés au bureau du comté ou de la municipalité appropriée. L'enregistrement garantit que le transfert de propriété est formellement documenté et inscrit dans les archives publiques.

Communication et service client : Au cours de la procédure de séquestre, le responsable du séquestre agit comme agent de liaison entre l'acheteur, le vendeur et les autres parties impliquées dans la transaction. Le responsable du séquestre donne des mises à jour et des informations sur l'état de la transaction, ainsi que répond à toute question ou préoccupation.

Conformité et exigences légales : Le responsable du séquestre garantit que la transaction respecte toutes les lois, réglementations et responsabilités contractuelles applicables. Le responsable du dépôt adhère aux meilleures pratiques du secteur et aux normes éthiques pour protéger les intérêts de toutes les parties engagées dans la transaction.

Dans l'ensemble, le séquestre est essentiel à la clôture réussie et efficace d'une transaction immobilière. En agissant en tant qu'intermédiaire neutre, en gérant le processus de clôture et en garantissant la conformité légale et réglementaire, le séquestre contribue à une expérience de clôture fluide et réussie pour les acheteurs, les vendeurs et les prêteurs.

QU'EST-CE QU'UNE ÉVENTUALITÉ DANS UN CONTRAT IMMOBILIER ?

Une éventualité est une condition ou une exigence qui doit être remplie avant qu'un contrat immobilier soit considéré comme contraignant et exécutoire. Les imprévus protègent les acheteurs en leur permettant de résilier le contrat sans pénalité si des exigences spécifiques ne sont pas remplies. Voici quelques éventualités typiques incluses dans les contrats immobiliers :

Une éventualité de financement permet à l'acheteur d'annuler le contrat s'il ne parvient pas à obtenir un financement pour l'achat de la propriété. Si l'acheteur ne parvient pas à acquérir un prêt hypothécaire dans le délai imparti, il peut résilier le contrat et recevoir le remboursement de ses arrhes.

Une éventualité d'inspection de maison permet à l'acheteur d'effectuer un examen professionnel de la propriété. Si l'inspection révèle des vices ou défauts substantiels que l'acheteur refuse d'accepter, celui-ci peut demander des réparations, des crédits ou renégocier les termes du contrat. Si un accord ne peut être trouvé, l'acheteur peut choisir de résilier le contrat.

Contingence d'évaluation : Si l'évaluation du bien est inférieure au prix d'achat convenu, l'acheteur peut résilier le contrat.

Si la propriété est évaluée à un prix inférieur au prix d'achat, l'acheteur peut demander au vendeur de baisser le prix pour refléter la valeur évaluée ou de donner des sommes supplémentaires pour couvrir le déficit.

Une condition de vente permet à l'acheteur de résilier le contrat s'il n'est pas en mesure de vendre sa maison actuelle dans un délai fixé. Cette condition est fréquente chez les acheteurs qui doivent vendre leur maison actuelle avant d'en acheter une nouvelle.

Une éventualité de titre permet à l'acheteur de résilier le contrat si des défauts ou des difficultés de titre sont identifiés au cours de la procédure de recherche de titre. Si la recherche de titre révèle des privilèges, des charges ou d'autres difficultés ayant un impact sur les droits de propriété de la propriété, l'acheteur peut avoir le droit d'annuler le contrat.

Les imprévus permettent aux acheteurs de faire preuve de diligence raisonnable et de défendre leurs intérêts avant de finaliser l'acquisition d'une propriété. Les acheteurs doivent soigneusement rechercher et comprendre les éventualités spécifiées dans le contrat, ainsi que consulter leur agent immobilier ou avocat, pour s'assurer que leurs intérêts sont efficacement protégés.

QUE SONT LES ÉVENTUALITÉS DANS LES CONTRATS IMMOBILIERS ?

Les éventualités sont des stipulations d'un contrat immobilier qui précisent quelles conditions ou événements doivent se produire pour que le contrat soit contraignant. Voici quelques éventualités typiques incluses dans les contrats immobiliers :

Une éventualité financière permet à l'acheteur de résilier le contrat s'il ne parvient pas à obtenir un financement pour l'acquisition. Il décrit généralement le type de financement que l'acheteur s'attend à recevoir et la date d'obtention d'un engagement de prêt.

Une éventualité d'évaluation donne à l'acheteur la possibilité d'annuler le contrat ou de renégocier le prix d'achat si la propriété est évaluée à un prix inférieur au prix convenu. Cela aide l'acheteur à éviter de payer trop cher pour la propriété.

Une inspection conditionnelle de la maison permet à l'acheteur d'effectuer une inspection professionnelle de la maison, puis de négocier des réparations ou des crédits avec le vendeur en fonction des résultats. Si des défauts importants sont découverts lors de l'inspection, l'acheteur peut avoir le droit de résilier le contrat.

Une condition de vente permet à l'acheteur d'annuler le contrat s'il n'est pas en mesure de vendre sa maison actuelle dans un certain délai. Cette éventualité est fréquente chez les acheteurs qui doivent vendre leur maison actuelle afin de financer l'achat d'une nouvelle.

Une éventualité du titre permet à l'acheteur d'annuler le contrat si des problèmes liés au titre, tels que des privilèges, des empiètements ou des servitudes, ne sont pas résolus à sa satisfaction.

Une éventualité de vente de maison permet à l'acheteur d'annuler le contrat s'il n'est pas en mesure de vendre sa maison actuelle dans un certain délai. Cette éventualité est fréquente chez les acheteurs qui doivent vendre leur maison actuelle afin de financer l'achat d'une nouvelle.

Les imprévus protègent les acheteurs en leur permettant d'annuler le contrat si des conditions spécifiques ne sont pas remplies ou si des problèmes imprévus surviennent au cours du processus de diligence raisonnable. Ils permettent aux acheteurs de procéder en toute confiance, sachant que si les choses ne se passent pas comme prévu, ils disposent d'une stratégie de sortie.

QUELS SONT LES TYPES DE CAS COURANTS DANS LES CONTRATS IMMOBILIERS ?

Les imprévus peuvent ressembler à une expression juridique sophistiquée, mais ils constituent un filet de sécurité précieux pour les acheteurs et les vendeurs dans une transaction immobilière. Expliquons-le en termes simples.

Que sont les imprévus ? : Les imprévus sont des exigences qui doivent être remplies avant qu'une transaction immobilière puisse avoir lieu. Ils protègent à la fois l'acheteur et le vendeur en permettant à l'une ou l'autre des parties d'annuler le contrat si les exigences spécifiées ne sont pas satisfaites.

Types d'éventualités : Les éventualités courantes sont :

Contingence d'inspection à domicile : Cela permet à l'acheteur de faire inspecter le bien par un expert, de négocier des réparations ou de résilier le contrat si des défauts importants sont découverts.

Contingence d'évaluation : Cela garantit que la propriété sera évaluée au moins pour le montant de l'achat. Si l'évaluation est inférieure, l'acheteur a la possibilité de renégocier le prix ou de résilier le contrat.

Contingence de financement : Cela laisse à l'acheteur le temps d'acquérir un financement pour l'acquisition. S'ils ne parviennent pas à obtenir un prêt hypothécaire dans le délai imparti, ils peuvent annuler l'accord sans pénalité.

Contingence de vente : Cela permet à l'acheteur de subordonner l'achat à la vente de sa maison existante. S'ils ne parviennent pas à vendre leur maison dans un délai défini, ils ont la possibilité de résilier le contrat.

Négociation : Les éventualités sont fréquemment négociées entre l'acheteur et le vendeur. Par exemple, le vendeur peut proposer de réparer des réparations spécifiques constatées lors de l'inspection en échange de la renonciation de l'acheteur à l'éventualité de l'évaluation.

Chronologie : Le contrat d'achat précise généralement les délais pour les passifs éventuels. Les deux parties doivent respecter ces dates pour que la transaction se déroule sans problème.

Dans l'ensemble, les imprévus offrent sécurité et flexibilité aux acheteurs et aux vendeurs dans une transaction immobilière, leur permettant d'avancer en toute confiance en sachant que leurs intérêts sont protégés.

QU'EST-CE QUE L'ASSURANCE PROPRIÉTAIRE ET POURQUOI EST-ELLE IMPORTANTE ?

L'assurance habitation n'est peut-être pas l'achat le plus excitant, mais c'est un élément essentiel pour préserver votre investissement dans votre maison. En un mot, voici pourquoi c'est important :

L'assurance habitation vous protège financièrement dans le cas où votre maison serait endommagée ou détruite par un risque couvert tel qu'un incendie, un vol, un vandalisme ou une catastrophe naturelle. Il contribue aux dépenses de réparation ou de reconstruction de votre maison, vous permettant ainsi de vous remettre sur pied.

Couverture de responsabilité : En plus d'assurer votre maison, l'assurance habitation comprend une couverture responsabilité civile. Cela peut aider à payer les frais juridiques et médicaux si quelqu'un est blessé sur votre propriété et que vous êtes reconnu coupable.

Exigence hypothécaire : Si vous avez un prêt hypothécaire sur votre maison, votre prêteur aura probablement besoin que vous obteniez une assurance habitation pour protéger son investissement. Même si vous êtes entièrement propriétaire de votre maison, c'est toujours une bonne idée de vous protéger financièrement.

Tranquillité d'esprit : L'accession à la propriété comporte des risques, allant du vol aux catastrophes naturelles.

Avoir une assurance habitation vous offre une tranquillité d'esprit, sachant que vous êtes financièrement couvert contre les catastrophes imprévues.

Options de couverture supplémentaires : Selon vos besoins, vous pouvez compléter votre police d'assurance habitation par une assurance contre les inondations, une assurance contre les tremblements de terre ou une couverture des biens personnels pour des biens coûteux tels que des bijoux ou des œuvres d'art.

Abordabilité : L'assurance habitation est souvent abordable ; surtout compte tenu du degré de protection qu'il offre. Le coût de votre police sera déterminé par des critères tels que la valeur de votre maison, son emplacement et les options de couverture que vous sélectionnez.

Dans l'ensemble, l'assurance habitation est un investissement important qui procure sécurité financière et tranquillité d'esprit à vous et à votre famille. C'est une petite somme à payer pour avoir l'esprit tranquille en sachant que votre maison est assurée en cas de sinistre imprévu.

COMMENT NÉGOCIER LA MEILLEURE AFFAIRE LORS DE L'ACHAT D'UNE MAISON ?

Négocier la meilleure offre lors de l'achat d'une maison est une compétence qui peut vous faire économiser de l'argent et vous assurer d'en avoir pour votre argent. Voici quelques techniques pour négocier comme un pro :

Faire votre recherche : Dans le domaine de la négociation, la connaissance, c'est le pouvoir. Enquêtez sur les ventes comparables dans la région pour avoir une idée du prix récemment vendu de propriétés similaires. Cela vous fournira une référence sur ce qui est considéré comme un prix équitable pour la maison qui vous intéresse.

Connaissez vos priorités : Avant de commencer à négocier, dressez une liste de vos priorités et exigences en matière de propriété. Êtes-vous prêt à dépenser plus pour une maison dotée d'appareils de cuisine plus récents ou d'un jardin plus grand ? Connaître vos priorités vous aidera à concentrer vos négociations sur ce qui est le plus important pour vous.

Soyez prêt à vous éloigner : L'une des stratégies de négociation les plus efficaces consiste à être prêt à se retirer si les conditions ne vous conviennent pas.

Cela vous donne un effet de levier et montre au vendeur que vous souhaitez sérieusement obtenir une offre équitable.

Ne penchez pas la main : Gardez vos cartes près de votre poitrine lorsque vous négociez. Évitez d'exposer votre budget maximum ou votre adoration pour la maison, car cela peut affaiblir votre position et offrir un avantage au vendeur.

Négociez plus que de l'argent : Même si l'argent est crucial, d'autres éléments de la transaction peuvent également être négociés. Envisagez de négocier des frais de clôture payés par le vendeur, des réparations ou des rénovations immobilières, ou une date de clôture plus rapide.

Travaillez avec un agent immobilier qualifié : Un agent immobilier qualifié pourrait être votre allié le plus précieux lors des négociations. Ils comprennent le processus de négociation et peuvent défendre vos intérêts pour vous aider à obtenir le meilleur prix possible.

Soyez respectueux et professionnel : Gardez une attitude respectueuse et professionnelle pendant le processus de négociation. Établir des relations avec le vendeur et son agent peut vous aider à conclure un accord mutuellement avantageux.

En suivant ces suggestions et méthodes, vous pouvez améliorer vos chances d'obtenir la meilleure affaire lors de l'achat d'une maison. Avec une planification minutieuse et un peu de perspicacité, vous serez sur la bonne voie pour acheter la maison de vos rêves au prix approprié.

QUE DOIS-JE FAIRE SI J'AI DES PROBLÈMES PENDANT LE PROCESSUS D'ACHAT D'UNE MAISON ?

Des problèmes surviennent pendant le processus d'achat d'une maison ; cependant, comprendre comment les gérer peut aider à réduire le stress et à assurer une bonne fin. Voici ce qu'il faut faire si vous rencontrez des problèmes :

Restez calme et communiquez : La première étape consiste à rester calme et à maintenir des lignes de communication ouvertes avec toutes les parties impliquées, y compris votre agent immobilier, votre prêteur et l'agent du vendeur. Tous les problèmes ou problèmes que vous rencontrez doivent être clairement communiqués afin qu'ils puissent être traités dans les plus brefs délais.

Consultez votre agent immobilier : Votre agent immobilier est votre défenseur tout au long du processus d'achat d'une maison et peut vous fournir des conseils et un soutien en cas de problème. Appuyez-vous sur leurs connaissances et leur expérience pour vous aider à résoudre tout problème qui pourrait survenir.

Révisez votre contrat : Examinez votre contrat d'achat et toutes les éventualités qui y sont mentionnées. Si le problème est dû au fait que le vendeur n'a pas répondu à une éventualité ou a rompu le contrat, vous pouvez avoir un recours.

Demandez des conseils juridiques si nécessaire : Si le problème est grave ou si vous n'êtes pas sûr de vos droits et devoirs, consultez un avocat immobilier. Ils peuvent vous offrir des conseils juridiques et protéger vos intérêts pendant la procédure.

Considérez vos possibilités : Selon la nature du problème, vous pouvez avoir plusieurs possibilités de résolution. Cela pourrait impliquer de renégocier les termes du contrat, de demander des réparations ou des crédits au vendeur ou, dans des situations extrêmes, de se retirer complètement de la transaction.

Documentez tout. Conservez des enregistrements minutieux de toutes les interactions, accords et problèmes rencontrés au cours du processus d'achat d'une maison. Cette documentation peut être utile si vous devez aggraver la situation ou intenter une action en justice.

Restez flexible : Soyez prêt à faire des compromis et soyez adaptable afin de parvenir à une solution. Parfois, pour trouver une solution mutuellement acceptable, il faut que les deux parties cèdent un peu.

N'oubliez pas que les problèmes rencontrés lors du processus d'achat d'une maison ne sont pas inhabituels et que la façon dont vous les aborderez déterminera en fin de compte le résultat. Vous pouvez mener à bien l'achat de votre maison en restant calme, en parlant correctement et en demandant de l'aide si nécessaire.

QUELLES SONT LES ERREURS COURANTES À ÉVITER LORS DE L'ACHAT D'UNE MAISON ?

L'achat d'une maison est un choix important, et il est essentiel d'éviter les pièges courants qui pourraient faire dérailler votre expérience d'achat d'une maison. Voici quelques erreurs à éviter :

Ignorer la pré-approbation : *Ignorer* le processus de pré-approbation peut être une énorme erreur. Obtenir une préapprobation hypothécaire vous permet de mieux comprendre votre budget et démontre aux vendeurs que vous êtes un acheteur sérieux.

Défaut de budgétiser les frais cachés : Ne négligez pas les frais cachés tels que les frais de clôture, les taxes foncières, l'assurance habitation et les frais d'entretien. Ne pas budgétiser ces dépenses peut entraîner des difficultés financières à l'avenir.

Sauter l'inspection de la maison : Sauter l'inspection de la maison pour économiser de l'argent ou du temps est une décision risquée. Une évaluation complète peut révéler des défauts cachés de la propriété, ce qui pourrait vous coûter des milliers de dollars en réparations futures.

Ignorer l'emplacement : On dit que l'emplacement est primordial dans l'immobilier, et c'est vrai ! Ne sous-estimez pas l'importance de l'emplacement lors de l'achat d'une maison. Tenez compte de facteurs tels que la proximité des commodités, des districts scolaires et du temps de trajet.

Maximiser votre budget : Ce n'est pas parce que vous avez été accepté pour un montant de prêt spécifique que vous devez tout dépenser. Soyez réaliste quant à votre budget et prévoyez une certaine marge de manœuvre pour les dépenses imprévues.

Ne pas chercher les taux hypothécaires. Ne pas rechercher les meilleurs taux hypothécaires peut vous coûter des milliers de dollars au cours de votre prêt. Prenez le temps de comparer les taux des autres prêteurs pour vous assurer d'obtenir le meilleur prix.

Ne pas travailler avec un agent immobilier : Tenter de naviguer seul dans le processus d'achat d'une maison peut être intimidant. Travailler avec un agent immobilier compétent vous aidera à éviter les pièges typiques et à garantir une transaction plus fluide.

En évitant ces pièges fréquents et en travaillant avec une équipe compétente de spécialistes, vous vivrez une expérience d'achat de maison réussie et sans stress.

QU'EST-CE QU'UNE GARANTIE HABITATION ET EN AI-JE BESOIN ?

Une garantie habitation est un contrat de service qui couvre la réparation ou le remplacement de gros équipements et appareils électroménagers. Une garantie maison, même si elle n'est pas nécessaire, peut offrir aux propriétaires une tranquillité d'esprit et une sécurité financière. Voici ce que vous devez savoir.

Couverture : Les garanties résidentielles incluent souvent une couverture pour le CVC, la plomberie, l'électricité et les gros appareils électroménagers tels que les réfrigérateurs, le lave-vaisselle et les fours. Certaines garanties peuvent également inclure une couverture facultative pour les équipements de piscine et les ouvre-portes de garage.

Coût : Le prix d'une garantie habitation varie en fonction du niveau de couverture, de la taille de votre propriété et du fournisseur. En règle générale, la prime annuelle varie de quelques centaines à mille dollars.

Appels de service : Si un système ou un appareil couvert tombe en panne, vous en informerez le fournisseur de garantie et déposerez une réclamation. Ils feront en sorte qu'un technicien de service vienne évaluer le problème. Chaque appel de service entraînera normalement des frais de service, souvent appelés franchise.

Limites et exclusions : Pour comprendre ce qui est couvert et ce qui n'est pas couvert par une garantie résidentielle, lisez attentivement les termes et conditions. La plupart des garanties incluent des limitations et des exclusions, et certaines affections préexistantes peuvent ne pas être couvertes.

Tranquillité d'esprit : Une garantie résidentielle peut vous offrir une tranquillité d'esprit en vous protégeant contre les coûts de réparation imprévus des principaux systèmes et appareils électroménagers de la maison. Cela peut être particulièrement utile pour les acheteurs d'une première maison qui n'ont pas les moyens financiers nécessaires pour faire face aux coûts de réparations majeures.

Enfin, la nécessité ou non d'une garantie résidentielle est déterminée par votre situation particulière et votre niveau de tolérance au risque. Le coût de la garantie doit être mis en balance avec les économies possibles sur les réparations et la tranquillité d'esprit qu'elle procure.

QUELLE EST LA DIFFÉRENCE ENTRE UN HYPOTHÈQUE À TAUX FIXE ET UN HYPOTHÈQUE À TAUX AJUSTABLE ?

Les prêts hypothécaires sont classés en deux types : les prêts hypothécaires à taux fixe et les prêts hypothécaires à taux variable (ARM). Voici en quoi ils diffèrent :

Hypothèque à taux fixe : Un prêt hypothécaire à taux fixe a un taux d'intérêt qui reste constant pendant la durée du prêt, qui est généralement de 15 ou 30 ans. Cela implique que vos versements hypothécaires mensuels resteront les mêmes, ce qui vous offrira stabilité et prévisibilité au fil du temps. Les prêts hypothécaires à taux fixe sont populaires parmi les propriétaires qui veulent avoir la certitude que leurs versements hypothécaires ne changeront pas.

Hypothèque à taux variable (ARM) : Avec un prêt hypothécaire à taux variable, le taux d'intérêt est initialement fixé pour une durée déterminée, généralement cinq, sept ou dix ans, puis ajusté régulièrement en fonction des conditions du marché. Cela signifie que vos versements hypothécaires mensuels peuvent fluctuer au fil du temps, augmentant ou diminuant potentiellement en raison des changements dans les taux d'intérêt.

Les ARM ont souvent des taux d'intérêt de départ inférieurs à ceux des prêts hypothécaires à taux fixe, ce qui les rend attrayants pour les acheteurs qui ont l'intention de vendre ou de refinancer avant l'expiration de la période fixe initiale.

La décision entre un prêt hypothécaire à taux fixe et un prêt hypothécaire à taux variable est influencée par vos objectifs financiers, votre tolérance au risque et la durée pendant laquelle vous comptez rester dans la propriété. Un prêt hypothécaire à taux fixe offre stabilité et prévisibilité, tandis qu'un prêt hypothécaire à taux variable (ARM) offre des économies possibles à court terme mais implique un risque supplémentaire si les taux d'intérêt augmentent ultérieurement.

QUELS SONT LES FRAIS DE CLÔTURE ET QUI LES PAIE ?

Les frais de clôture sont les frais et dépenses liés à la réalisation d'une transaction immobilière. Ils varient généralement entre 2 % et 5 % du prix d'achat du bien et couvrent un certain nombre de dépenses, notamment :

Les frais du prêteur comprennent les frais de montage, d'escompte et d'évaluation du prêt.

Les frais de titre couvrent les recherches de titres, l'assurance titres et les services d'agent de clôture.

Les coûts gouvernementaux comprennent les frais d'enregistrement, les droits de mutation et les taxes foncières prépayées.

Frais de dépôt : Il s'agit des frais nécessaires à l'établissement d'un compte séquestre pour conserver les fonds destinés aux impôts fonciers et à l'assurance habitation.

D'autres frais peuvent inclure des inspections de maison, des frais d'enquête et des cotisations à une association de propriétaires.

Qui paie les frais de clôture ? Cela varie en fonction des termes du contrat d'achat et des normes locales ? Dans de rares situations, l'acheteur peut accepter de couvrir tout ou partie des frais de clôture dans le cadre de son offre. Dans d'autres circonstances, le vendeur peut accepter de couvrir certains frais de clôture afin d'attirer les acheteurs.

Les acheteurs doivent prévoir les frais de clôture en plus de l'acompte et des autres dépenses initiales. Travailler avec un agent immobilier et un prêteur qualifié peut aider les acheteurs à comprendre leurs frais de clôture et à négocier des conditions favorables pendant le processus d'achat d'une maison.

QU'EST-CE QUE L'ASSURANCE HYPOTHÉCAIRE PRIVÉE (PMI) ET EN AI-JE BESOIN ?

L'assurance hypothécaire privée (PMI) est un type d'assurance que les prêteurs peuvent exiger des emprunteurs qu'ils souscrivent s'ils ne sont pas en mesure de verser au moins 20 % du prix d'achat de la maison. Voici ce que vous devez savoir.

Le but du PMI est de protéger le prêteur en cas de défaut de paiement de l'emprunteur sur le prêt. Il permet aux prêteurs d'émettre des prêts hypothécaires avec des exigences de mise de fonds inférieures, rendant ainsi l'accession à la propriété plus accessible aux acheteurs qui n'ont pas l'argent nécessaire pour couvrir une mise de fonds importante.

Coût : Le coût du PMI varie en fonction du montant de votre mise de fonds, de votre cote de crédit et du type de prêt hypothécaire. Le PMI coûte généralement entre 0,3 % et 1,5 % du montant initial du prêt par an et est inclus dans votre versement hypothécaire mensuel.

Annulation : La Loi sur la protection des propriétaires (HPA) exige que les prêteurs annulent automatiquement le PMI chaque fois que votre ratio prêt/valeur (LTV) dépasse 78 % de la valeur d'origine de la propriété.

Vous pourrez peut-être également demander l'annulation du PMI une fois que votre LTV atteint 80 %, ce qui peut être obtenu en remboursant le solde de votre prêt hypothécaire et en augmentant la valeur de votre maison.

Alternatives : Si vous ne pouvez pas verser une mise de fonds de 20 %, il existe d'autres choix de financement qui peuvent vous permettre d'éviter le PMI. Il peut s'agir de prêts de ferroutage, d'assurance hypothécaire payée par le prêteur (LPMI) ou de programmes de prêts garantis par le gouvernement, comme les prêts FHA, qui ont leurs propres exigences en matière d'assurance hypothécaire.

En fin de compte, la nécessité ou non d'un PMI est déterminée par votre situation financière unique et vos ambitions. Bien que le PMI puisse augmenter votre versement hypothécaire mensuel, il peut également vous permettre d'acheter une propriété avec une mise de fonds inférieure, vous permettant ainsi d'accéder plus tôt à votre maison.

COMMENT CHOISIR LE BON QUARTIER POUR ACHETER UNE MAISON ?

Choisir le bon quartier est une considération importante lors de l'achat d'une maison, car cela peut affecter considérablement votre qualité de vie et la valeur de votre propriété. Lors de l'analyse des quartiers, tenez compte des facteurs suivants :

Tenez compte de la proximité du travail, des écoles, des magasins et des transports en commun. Tenez compte de vos déplacements quotidiens et de la question de savoir si la communauté offre un accès pratique aux commodités dont vous avez besoin.

District scolaire : Même si vous n'avez pas d'enfants, la qualité de votre district scolaire local peut influencer la valeur des propriétés. Recherchez les notes et les performances des écoles pour déterminer la qualité de l'éducation dans la région.

La sécurité est le facteur le plus important à considérer lors du choix d'un quartier. Enquêtez sur les taux de criminalité, parlez avec les résidents locaux et visitez la région à différents moments de la journée pour avoir une idée de la sûreté et de la sécurité générales du quartier.

Commodités et style de vie : Évaluez les commodités et les possibilités de loisirs du quartier, notamment les parcs, les restaurants, les centres communautaires et les attractions culturelles. Déterminez si le quartier correspond à votre style de vie et à vos intérêts.

Valeurs des propriétés et tendances du marché : Enquêtez sur la valeur des propriétés du quartier et les tendances du marché pour déterminer comment la valeur des maisons a augmenté au fil du temps. Recherchez des indicateurs d'expansion et de développement qui pourraient suggérer un marché immobilier sain.

Développement futur : Pensez à toute initiative de développement à venir ou en cours dans le quartier, comme de nouvelles infrastructures, des développements commerciaux ou des changements de zonage. Ceux-ci peuvent avoir un impact sur la valeur des propriétés et sur la qualité de vie de la communauté.

Ambiance communautaire : Faites attention au sentiment de communauté et de voisinage de la région. Existe-t-il des activités communautaires, des associations de quartier ou des projets locaux qui favorisent un sentiment d'appartenance et de connexion entre les résidents ?

En évaluant soigneusement ces variables et en travaillant avec un agent immobilier compétent qui comprend le marché local, vous découvrirez peut-être le quartier idéal pour répondre à vos besoins et améliorer votre expérience d'accession à la propriété.

COMMENT SAVOIR SI JE SUIS PRÊT À ACHETER UNE MAISON ?

Ah, la vieille question : suis-je prêt à franchir le pas vers l'accession à la propriété ? Le choix est vaste, mais voici quelques indices qui pourraient vous indiquer que vous pourriez être prêt à acheter une maison :

Finances stables : Vous avez un emploi stable et un revenu constant qui vous permet de payer confortablement les versements hypothécaires mensuels, les impôts fonciers, l'assurance habitation et d'autres obligations d'accession à la propriété.

Économies pour un acompte : Vous avez économisé suffisamment pour une mise de fonds, idéalement 20 % du prix d'achat de la maison, ce qui vous permettra d'éviter l'assurance hypothécaire privée (PMI) et de bénéficier de meilleures conditions de prêt.

Vous avez une solide cote de crédit, ce qui vous permet de bénéficier d'un taux d'intérêt compétitif sur votre prêt hypothécaire. Une cote de crédit plus élevée peut vous aider à économiser des milliers de dollars en intérêts pendant la durée de votre prêt.

Plans à long terme : Vous avez l'intention de rester dans la même région dans un avenir prévisible et êtes prêt à vous enraciner dans une communauté. L'achat d'une maison est un investissement à long terme, alors réfléchissez à vos projets et ambitions futurs.

Volonté de prendre ses responsabilités : Vous êtes prêt à accepter les obligations liées à l'accession à la propriété, telles que l'entretien et les réparations, les taxes foncières et l'assurance. Posséder une maison implique du temps, des efforts et un engagement financier.

Les conditions du marché : Vous avez fait vos recherches et comprenez la situation actuelle du marché immobilier. Lorsque vous découvrez la propriété idéale sur un marché concurrentiel, vous êtes prêt à agir rapidement et de manière décisive.

Enfin, la décision d'acheter une maison est une décision personnelle basée sur votre propre situation, vos aspirations et vos désirs. Prenez le temps d'évaluer soigneusement votre préparation et de consulter un expert immobilier réputé qui pourra vous offrir conseils et soutien tout au long du processus d'achat d'une maison.

QU'EST-CE QUE L'ARGENT ET COMMENT CELA FONCTIONNE ?

Les arrhes, également appelées dépôts de bonne foi, sont une somme d'argent qu'un acheteur paie pour indiquer son sérieux et son engagement à acheter une propriété. Voilà comment cela fonctionne.

Le but des arrhes est de démontrer la bonne confiance de l'acheteur envers le vendeur. Cela implique que l'acheteur souhaite sérieusement acheter la propriété et donne au vendeur l'assurance que l'acheteur finalisera la transaction.

Le montant des arrhes requis varie en fonction du prix d'achat de la maison, des coutumes locales et des discussions entre l'acheteur et le vendeur. En règle générale, les arrhes varient entre 1 % et 3 % du prix d'achat.

Les arrhes sont normalement déposées sur un compte séquestre et conservées jusqu'à la clôture de la transaction.

L'agent séquestre ou l'avocat de clôture gère le dépôt d'arrhes et garantit qu'il est traité conformément aux dispositions du contrat d'achat.

Protection du vendeur : Si l'acheteur annule la transaction sans motif suffisant, le vendeur peut avoir le droit de conserver les arrhes en guise de compensation pour le temps et les efforts perdus lors de la transaction. Cela protège le vendeur des clients qui pourraient ne pas être sincères quant à la finalisation de la transaction.

Les arrhes peuvent être remboursables sous certaines conditions. Par exemple, si l'inspection de la maison révèle des défauts graves auxquels le vendeur refuse de remédier, l'acheteur pourra annuler la transaction et exiger le remboursement de ses arrhes.

Appliqué aux frais de clôture : à la clôture, le dépôt d'acompte est généralement appliqué aux frais de clôture de l'acheteur ou à l'acompte sur la propriété. Cela réduit le montant en espèces que l'acheteur doit apporter à la table de clôture.

Dans l'ensemble, les arrhes sont un élément essentiel du processus d'achat d'une maison, car elles montrent l'engagement de l'acheteur envers la transaction et donnent confiance au vendeur. Les deux parties doivent comprendre les conditions des arrhes et comment elles seront traitées si le contrat est contesté ou annulé.

QUE SONT LES PRÊTS SUR ÉQUIPE ET LES LIGNES DE CRÉDIT (HELOCS) ?

Les prêts sur valeur domiciliaire et les marges de crédit sur valeur domiciliaire (HELOC) sont deux formes de prêts qui permettent aux propriétaires d'emprunter sur la valeur nette qu'ils ont accumulée dans leurs propriétés. Voici comment ils fonctionnent :

Un prêt sur valeur domiciliaire, parfois appelé deuxième hypothèque, permet aux propriétaires d'emprunter une somme forfaitaire en utilisant la valeur nette de leur maison comme garantie. Le prêt est normalement remboursé sur une période déterminée avec un taux d'intérêt fixe, comparable à celui d'un prêt hypothécaire ordinaire. Les prêts sur valeur domiciliaire sont fréquemment utilisés pour couvrir des dépenses importantes telles que les réparations domiciliaires, la consolidation de dettes et les achats importants.

Une marge de crédit sur valeur domiciliaire (HELOC) est une marge de crédit renouvelable qui permet aux propriétaires d'emprunter des fonds selon leurs besoins, jusqu'à une limite de crédit prédéterminée, en utilisant la valeur nette de leur maison comme garantie.

Contrairement à un prêt sur valeur domiciliaire, qui accorde un paiement forfaitaire, un HELOC fonctionne davantage comme une carte de crédit, permettant aux emprunteurs d'emprunter, de rembourser et d'emprunter à nouveau selon leurs besoins. Les HELOC ont souvent des taux d'intérêt variables, qui peuvent changer avec le temps.

Les prêts sur valeur domiciliaire et les HELOC peuvent être des instruments financiers avantageux pour les propriétaires qui ont besoin de liquidités pour des achats ou des factures importants. Cependant, il est essentiel de bien peser les risques et les avantages de chaque type de prêt et d'emprunter de manière responsable.

COMMENT PUIS-JE AMÉLIORER MON SCORE DE CRÉDIT AVANT D'ACHETER UNE MAISON ?

Votre cote de crédit a un impact significatif sur votre capacité à être admissible à un prêt hypothécaire et à obtenir des conditions de prêt avantageuses. Voici quelques suggestions pour vous aider à améliorer votre cote de crédit avant d'acheter une maison :

Vérifiez votre rapport de crédit. Commencez par examiner vos rapports de crédit des trois principales agences de crédit (Equifax, Experian et TransUnion) pour déceler des problèmes ou des inexactitudes. Contestez toutes les erreurs que vous découvrez et cherchez à résoudre tout problème persistant qui pourrait faire baisser votre score.

Payer les paiements à temps : Votre historique de paiement a le plus grand impact sur votre pointage de crédit, alors assurez-vous de payer tous vos paiements à temps, à chaque fois. Créez des paiements ou des rappels automatiques pour vous aider à rester sur la bonne voie.

Réduire la dette : Remboursez vos dettes existantes, en particulier les dettes de carte de crédit à taux d'intérêt élevé, pour réduire votre taux d'utilisation du crédit et améliorer votre pointage de crédit. Donnez la priorité au remboursement des soldes présentant les taux d'intérêt les plus élevés.

Évitez d'ouvrir de nouveaux comptes : *L'ouverture* de nouveaux comptes de crédit réduira temporairement votre pointage de crédit, évitez donc de demander de nouvelles cartes de crédit ou de nouveaux prêts dans les mois précédant une demande de prêt hypothécaire.

Gardez les anciens comptes ouverts : La fermeture d'anciens comptes de crédit diminuera votre historique de crédit et abaissera votre pointage de crédit, alors gardez-les ouverts même si vous ne les utilisez pas souvent.

Diversifiez votre mix de crédit : Avoir une variété de comptes de crédit, y compris des cartes de crédit, des prêts à tempérament et une hypothèque, améliorera votre pointage de crédit. Toutefois, n'acceptez un nouveau crédit que s'il est financièrement viable pour votre situation.

Soyez patient : Améliorer votre cote de crédit prend du temps, alors soyez cohérent dans vos efforts. Concentrez-vous sur le développement de bonnes habitudes de crédit et sur la bonne gestion de votre argent.

Suivre ces stratégies et surveiller constamment votre pointage de crédit vous aidera à améliorer votre solvabilité et à augmenter vos chances d'être admissible à un prêt hypothécaire à des conditions avantageuses.

QU'EST-CE QU'UNE ÉVALUATION DE MAISON ET POURQUOI EST-ELLE IMPORTANTE ?

Une évaluation de maison est une évaluation impartiale de la juste valeur marchande d'une propriété réalisée par un évaluateur professionnel. Voici pourquoi c'est important dans le processus d'achat d'une maison :

Détermination de la valeur marchande : L'objectif principal d'une évaluation immobilière est d'évaluer la juste valeur marchande de la propriété. Les prêteurs exigent une évaluation pour confirmer que la valeur de la propriété correspond au montant du prêt demandé par l'acheteur.

Protection des prêteurs : Une évaluation aide les prêteurs à éviter de financer plus que la valeur de la propriété. Cela diminue le risque du prêteur dans le cas où l'emprunteur ne rembourse pas le prêt et que la propriété est vendue aux enchères pour rembourser la dette impayée.

Une évaluation peut également être utilisée comme tactique de négociation entre acheteurs et vendeurs. Si l'expertise est inférieure au prix d'achat convenu, les acheteurs peuvent l'utiliser pour renégocier le prix ou demander des réparations au vendeur.

Approbation du prêt hypothécaire : En plus de déterminer la valeur de la propriété, les prêteurs exigent généralement une évaluation dans le cadre de la procédure d'approbation du prêt hypothécaire.

Les prêteurs évaluent la valeur estimative de la propriété pour décider du montant du prêt qu'ils sont prêts à prêter à l'acheteur.

État de la propriété : Bien que ce ne soit pas l'objectif principal d'une évaluation, les évaluateurs peuvent identifier tout défaut ou défaut important de la propriété susceptible d'affecter sa valeur. Les acheteurs peuvent utiliser ces informations pour prendre des décisions d'achat éclairées.

Dans l'ensemble, une évaluation immobilière est une étape essentielle du processus d'achat d'une maison qui fournit des informations utiles aux acheteurs, aux vendeurs et aux prêteurs. Il garantit que l'achat est basé sur une évaluation précise de la propriété et protège toutes les parties impliquées.

QUELS SONT LES AVANTAGES DE TRAVAILLER AVEC UN AGENT IMMOBILIER ?

Travailler avec un agent immobilier peut offrir divers avantages tant aux acheteurs qu'aux vendeurs. Voici quelques-unes des raisons pour lesquelles vous pourriez envisager de travailler avec un agent immobilier :

Connaissance du marché : les courtiers immobiliers possèdent une connaissance approfondie du marché local, y compris les tendances actuelles, les évaluations des propriétés et les commodités de la région. Ils peuvent offrir des informations et des conseils importants pour vous aider à prendre des décisions éclairées.

Techniques de négociation : Les transactions immobilières nécessitent des négociations et les agents immobiliers sont des négociateurs compétents qui peuvent défendre vos intérêts pour garantir que vous obteniez la meilleure offre possible.

Les agents immobiliers ont accès à une sélection diversifiée d'annonces via le service d'annonces multiples (MLS) et d'autres réseaux industriels. Ils peuvent vous aider à trouver des propriétés qui correspondent à vos critères et à planifier des visites en votre nom.

Réseau professionnel : Les agents immobiliers ont accès à un réseau d'experts tels que des banquiers, des inspecteurs, des évaluateurs et des avocats qui peuvent les aider à différentes étapes de la transaction.

Ils peuvent proposer des professionnels de confiance et organiser des services pour rendre la procédure plus efficace.

Formalités administratives et conseils juridiques : Les transactions immobilières nécessitent une quantité importante de paperasse, de contrats et de documents juridiques. Un agent immobilier peut vous aider à garantir que tous les documents sont remplis correctement et conformément aux règles et réglementations applicables.

Tranquillité d'esprit : Acheter ou vendre une maison peut être stressant, mais avoir un agent immobilier à vos côtés peut vous apporter une tranquillité d'esprit en sachant que vous êtes guidé tout au long du processus par un professionnel instruit et expérimenté.

Dans l'ensemble, faire appel à un agent immobilier peut vous faire économiser du temps, de l'argent et des ennuis tout en augmentant les chances d'une transaction réussie et facile. Un agent immobilier peut être une excellente ressource et un défenseur tout au long du processus d'achat ou de vente d'une maison.

QUE SONT LES PRÊTS SUR ÉQUIPE ET LES LIGNES DE CRÉDIT (HELOCS) ?

Les prêts sur valeur domiciliaire et les marges de crédit sur valeur domiciliaire (HELOC) sont deux formes de prêts qui permettent aux propriétaires d'emprunter sur la valeur nette qu'ils ont accumulée dans leurs propriétés. Voici comment ils fonctionnent :

Un prêt sur valeur domiciliaire, parfois appelé deuxième hypothèque, permet aux propriétaires d'emprunter une somme forfaitaire en utilisant la valeur nette de leur maison comme garantie. Le prêt est normalement remboursé sur une période déterminée avec un taux d'intérêt fixe, comparable à celui d'un prêt hypothécaire ordinaire. Les prêts sur valeur domiciliaire sont fréquemment utilisés pour couvrir des dépenses importantes telles que les réparations domiciliaires, la consolidation de dettes et les achats importants.

Une marge de crédit sur valeur domiciliaire (HELOC) est une marge de crédit renouvelable qui permet aux propriétaires d'emprunter des fonds selon leurs besoins, jusqu'à une limite de crédit prédéterminée, en utilisant la valeur nette de leur maison comme garantie.

Contrairement à un prêt sur valeur domiciliaire, qui accorde un paiement forfaitaire, un HELOC fonctionne davantage comme une carte de crédit, permettant aux emprunteurs d'emprunter, de rembourser et d'emprunter à nouveau selon leurs besoins. Les HELOC ont souvent des taux d'intérêt variables, qui peuvent changer avec le temps.

Les prêts sur valeur domiciliaire et les HELOC peuvent être des instruments financiers avantageux pour les propriétaires qui ont besoin de liquidités pour des achats ou des factures importants. Cependant, il est essentiel de bien peser les risques et les avantages de chaque type de prêt et d'emprunter de manière responsable.

COMMENT PUIS-JE AMÉLIORER MON SCORE DE CRÉDIT AVANT D'ACHETER UNE MAISON ?

Votre cote de crédit a un impact significatif sur votre capacité à être admissible à un prêt hypothécaire et à obtenir des conditions de prêt avantageuses. Voici quelques suggestions pour vous aider à améliorer votre cote de crédit avant d'acheter une maison :

Vérifiez votre rapport de crédit. Commencez par examiner vos rapports de crédit des trois principales agences de crédit (Equifax, Experian et TransUnion) pour déceler des problèmes ou des inexactitudes. Contestez toutes les erreurs que vous découvrez et cherchez à résoudre tout problème persistant qui pourrait faire baisser votre score.

Payer les paiements à temps : Votre historique de paiement a le plus grand impact sur votre pointage de crédit, alors assurez-vous de payer tous vos paiements à temps, à chaque fois. Créez des paiements ou des rappels automatiques pour vous aider à rester sur la bonne voie.

Réduire la dette : Remboursez vos dettes existantes, en particulier les dettes de carte de crédit à taux d'intérêt élevé, pour réduire votre taux d'utilisation du crédit et améliorer votre pointage de crédit. Donnez la priorité au remboursement des soldes présentant les taux d'intérêt les plus élevés.

Évitez d'ouvrir de nouveaux comptes : L'ouverture de nouveaux comptes de crédit réduira temporairement votre pointage de crédit, évitez donc de demander de nouvelles cartes de crédit ou de nouveaux prêts dans les mois précédant une demande de prêt hypothécaire.

Gardez les anciens comptes ouverts : La fermeture d'anciens comptes de crédit diminuera votre historique de crédit et abaissera votre pointage de crédit, alors gardez-les ouverts même si vous ne les utilisez pas souvent.

Diversifiez votre mix de crédit : Avoir une variété de comptes de crédit, y compris des cartes de crédit, des prêts à tempérament et une hypothèque, améliorera votre pointage de crédit. Toutefois, n'acceptez un nouveau crédit que s'il est financièrement viable pour votre situation.

Sois patient : Améliorer votre cote de crédit prend du temps, alors soyez cohérent dans vos efforts. Concentrez-vous sur le développement de bonnes habitudes de crédit et sur la bonne gestion de votre argent.

Suivre ces stratégies et surveiller constamment votre pointage de crédit vous aidera à améliorer votre solvabilité et à augmenter vos chances d'être admissible à un prêt hypothécaire à des conditions avantageuses.

QU'EST-CE QU'UNE ÉVALUATION DE MAISON ET POURQUOI EST-ELLE IMPORTANTE ?

Une évaluation de maison est une évaluation impartiale de la juste valeur marchande d'une propriété réalisée par un évaluateur professionnel. Voici pourquoi c'est important dans le processus d'achat d'une maison :

Détermination de la valeur marchande : L'objectif principal d'une évaluation immobilière est d'évaluer la juste valeur marchande de la propriété. Les prêteurs exigent une évaluation pour confirmer que la valeur de la propriété correspond au montant du prêt demandé par l'acheteur.

Protection des prêteurs : Une évaluation aide les prêteurs à éviter de financer plus que la valeur de la propriété. Cela diminue le risque du prêteur dans le cas où l'emprunteur ne rembourse pas le prêt et que la propriété est vendue aux enchères pour rembourser la dette impayée.

Une évaluation peut également être utilisée comme tactique de négociation entre acheteurs et vendeurs. Si l'expertise est inférieure au prix d'achat convenu, les acheteurs peuvent l'utiliser pour renégocier le prix ou demander des réparations au vendeur.

Approbation du prêt hypothécaire : En plus de déterminer la valeur de la propriété, les prêteurs exigent généralement une évaluation dans le cadre de la procédure d'approbation du prêt hypothécaire. Les prêteurs évaluent la valeur estimative de la propriété pour décider du montant du prêt qu'ils sont prêts à prêter à l'acheteur.

État de la propriété : Bien que ce ne soit pas l'objectif principal d'une évaluation, les évaluateurs peuvent identifier tout défaut ou défaut important de la propriété susceptible d'affecter sa valeur. Les acheteurs peuvent utiliser ces informations pour prendre des décisions d'achat éclairées.

Néanmoins, l'évaluation d'une maison est une étape essentielle du processus d'achat d'une maison qui fournit des informations utiles aux acheteurs, aux vendeurs et aux prêteurs. Il garantit que l'achat est basé sur une évaluation précise de la propriété et protège toutes les parties impliquées.

QUELS SONT LES AVANTAGES DE TRAVAILLER AVEC UN AGENT IMMOBILIER ?

Travailler avec un agent immobilier peut offrir divers avantages tant aux acheteurs qu'aux vendeurs. Voici quelques-unes des raisons pour lesquelles vous pourriez envisager de travailler avec un agent immobilier :

Connaissance du marché : Les courtiers immobiliers possèdent une connaissance approfondie du marché local, notamment des tendances actuelles, des évaluations immobilières et des commodités de la région. Ils peuvent offrir des informations et des conseils importants pour vous aider à prendre des décisions éclairées.

Techniques de négociation : Les transactions immobilières nécessitent des négociations et les agents immobiliers sont des négociateurs compétents qui peuvent défendre vos intérêts pour garantir que vous obteniez la meilleure offre possible.

Les agents immobiliers ont accès à une sélection diversifiée d'annonces via le service d'annonces multiples (MLS) et d'autres réseaux industriels. Ils peuvent vous aider à trouver des propriétés qui correspondent à vos critères et à planifier des visites en votre nom.

Réseau professionnel : Les agents immobiliers ont accès à un réseau d'experts tels que des banquiers, des inspecteurs, des évaluateurs et des avocats qui peuvent les aider à différentes étapes de la transaction.

Ils peuvent proposer des professionnels de confiance et organiser des services pour rendre la procédure plus efficace.

Formalités administratives et conseils juridiques : Les transactions immobilières nécessitent une quantité importante de paperasse, de contrats et de documents juridiques. Un agent immobilier peut vous aider à garantir que tous les documents sont remplis correctement et conformément aux règles et réglementations applicables.

Tranquillité d'esprit : Acheter ou vendre une maison peut être stressant, mais avoir un agent immobilier à vos côtés peut vous apporter une tranquillité d'esprit en sachant que vous êtes guidé tout au long du processus par un professionnel instruit et expérimenté.

Dans l'ensemble, faire appel à un agent immobilier peut vous faire gagner du temps, de l'argent et des ennuis tout en augmentant les chances d'une transaction réussie et facile. Un agent immobilier peut être une excellente ressource et un défenseur tout au long du processus d'achat ou de vente d'une maison.

QUELS SONT LES DRAPEAU ROUGE À SURVEILLER LORS DE L'ACHAT D'UNE MAISON ?

Lors de l'achat d'une maison, il est essentiel d'être conscient de tout signal d'alarme potentiel pouvant suggérer des difficultés sous-jacentes avec la propriété. Voici quelques signes rouges fréquents à surveiller :

Problèmes structurels : Recherchez des fissures dans les fondations, des sols en pente ou des murs affaissés. Ces problèmes peuvent être coûteux à résoudre et peuvent révéler des défauts structurels majeurs.

Dégâts d'eau : Les dégâts d'eau peuvent provoquer de la moisissure et d'autres problèmes de santé, alors recherchez des signes tels que des taches d'eau sur les murs ou les plafonds, des arômes de moisi ou un sol déformé. Vérifiez les fuites dans les raccords de plomberie et autour des fenêtres et des portes.

Les infestations de nuisibles, comme les termites, les rongeurs ou les fourmis, peuvent causer des dommages importants à une maison si elles ne sont pas traitées.

Recherchez des indicateurs d'activité parasitaire, tels que des excréments, du bois mâché ou des nids, et envisagez d'embaucher un inspecteur professionnel pour déterminer la gravité de l'infestation.

Mauvais entretien : Une maison mal entretenue peut être un signal d'alarme, indiquant que le propriétaire actuel a négligé ou reporté l'entretien. Recherchez des signes de négligence, comme une végétation envahissante, de la peinture écaillée ou des systèmes mécaniques obsolètes.

Problèmes de quartier : Faites attention au quartier autour de la propriété et recherchez tout signal d'alarme tel qu'un taux de criminalité élevé, un bruit ou une circulation excessifs ou une baisse des prix de l'immobilier. Visitez le quartier à différents moments de la journée pour avoir une idée de son ambiance générale.

Difficultés liées au titre : Avant de fermer une maison, il est essentiel d'effectuer une recherche de titre pour identifier toute difficulté potentielle en matière de titre, telle que des privilèges, des empiètements ou des servitudes. Ces défauts peuvent brouiller le titre et porter atteinte à vos droits de propriété. Ils doivent donc être corrigés avant la finalisation de la transaction.

Dangers environnementaux : Soyez conscient des dangers environnementaux potentiels dans la région, tels que la présence de zones inondables, de glissements de terrain ou de sites de contamination environnementale. Ces dangers peuvent mettre en danger la santé et la sécurité des personnes, ainsi que réduire la valeur de la propriété.

En gardant un œil sur ces panneaux rouges et en effectuant une diligence raisonnable approfondie, vous pouvez éviter les pièges potentiels et prendre une décision plus éclairée lors de l'achat d'une maison.

COMMENT FONCTIONNE LE PROCESSUS D'INSPECTION DE LA MAISON ?

La procédure d'inspection de la maison est une phase importante du processus d'achat d'une maison qui permet aux acheteurs de découvrir tout problème caché concernant la propriété avant la clôture. Voilà comment cela fonctionne.

Planifiez l'inspection : Une fois que vous avez signé un contrat pour acheter une maison, vous disposez généralement d'un délai pour planifier une inspection de la maison. Embauchez un inspecteur en bâtiment qualifié qui a déjà inspecté des propriétés identiques à celle que vous achetez.

Assister à l'inspection : Les acheteurs peuvent assister à l'inspection de la maison, mais ce n'est pas nécessaire. Assister à l'inspection vous donne l'occasion de poser des questions, d'en apprendre davantage sur la propriété et de constater par vous-même les défauts.

Effectuer l'inspection : L'inspecteur en bâtiment inspectera complètement la propriété, y compris l'extérieur, l'intérieur, les composants structurels, les systèmes mécaniques et les appareils électroménagers. Ils vérifieront les preuves de dommages, de défauts ou de problèmes de sécurité et enregistreront leurs conclusions dans un rapport complet.

Consultez le rapport d'inspection : Une fois l'inspection terminée, l'inspecteur en bâtiment vous présentera un rapport écrit résumant ses constatations, incluant les défauts détectés lors de l'examen. Examinez attentivement le rapport et partagez tout problème avec votre agent immobilier.

Négocier les réparations : Si l'inspection révèle des défauts importants dans la propriété, vous pourrez peut-être négocier des réparations ou des crédits avec le vendeur. Votre agent immobilier peut vous guider tout au long du processus et défendre vos intérêts.

Déterminer les prochaines étapes : Sur la base des résultats de l'inspection et des discussions avec le vendeur, vous devrez déterminer s'il faut procéder à l'achat, demander des inspections supplémentaires ou abandonner la transaction.

Dans l'ensemble, le processus d'inspection de la maison fournit aux acheteurs des informations vitales sur l'état de la propriété, leur permettant ainsi de prendre des décisions d'achat plus éclairées. Il s'agit d'une étape importante dans le processus d'achat d'une maison qui peut vous aider à préserver votre investissement et à éviter des surprises coûteuses à l'avenir.

COMMENT FONCTIONNENT LES IMPÔTS FONCIERS POUR LES PROPRIÉTAIRES ?

Les impôts fonciers ne sont peut-être pas la question la plus glamour, mais ils constituent un aspect important de l'accession à la propriété. Décrivons leur fonctionnement en termes simples :

Les taxes foncières sont des taxes prélevées par les collectivités locales sur la valeur des biens immobiliers. Ils servent à payer les services publics tels que les écoles, les routes et les services d'urgence dans votre quartier.

Évaluation : Votre gouvernement local détermine le montant des impôts fonciers que vous devez en évaluant la valeur de votre propriété chaque année. Cette valeur est déterminée par la taille de votre propriété, son emplacement et les ventes récentes de maisons comparables dans le quartier.

Taux d'imposition : Une fois la valeur de votre propriété évaluée, elle est multipliée par le taux d'imposition local pour déterminer le montant de votre taxe foncière. Les taux d'imposition peuvent varier considérablement en fonction de votre lieu de résidence. Il est donc essentiel de comprendre le taux d'imposition de votre communauté.

Les impôts fonciers sont généralement payés annuellement ou semestriellement, selon les restrictions municipales.

Dans d'autres situations, ils peuvent être inclus dans votre versement hypothécaire mensuel et détenus dans un compte séquestre par votre prêteur, qui les paiera ensuite pour vous.

Exonérations et déductions fiscales : Certains propriétaires peuvent bénéficier d'allégements fiscaux ou de déductions qui réduiront leurs impôts fonciers. Celles-ci peuvent inclure des exemptions pour les personnes âgées, les anciens combattants ou les personnes handicapées, ainsi que des déductions pour les améliorations domiciliaires ou les modifications économes en énergie.

Conséquences du non-paiement : Il est essentiel de payer vos impôts fonciers à temps, car ne pas le faire peut entraîner des pénalités, des frais d'intérêt et éventuellement la perte de votre maison en raison d'une saisie fiscale.

Dans l'ensemble, les taxes foncières constituent un aspect essentiel de l'accession à la propriété qui contribue au bien-être de votre quartier. Comprendre leur fonctionnement peut vous aider à établir un budget efficace et à éviter les surprises au moment des déclarations de revenus.

QU'EST-CE QUE LA DIVULGATION DU VENDEUR ET POURQUOI EST-ELLE IMPORTANTE ?

La divulgation d'un vendeur est un document soumis par le vendeur qui décrit tout défaut, problème ou problème connu concernant la propriété à vendre. Voici pourquoi c'est important :

Divulgation complète : La divulgation d'un vendeur l'oblige à révéler tout défaut ou problème connu concernant la propriété, tels que des problèmes structurels, des systèmes mécaniques, des appareils électroménagers ou des risques environnementaux. Cela permet aux acheteurs de prendre des décisions plus éclairées quant à l'opportunité de procéder à l'achat.

Obligation légale : Dans plusieurs États, les vendeurs sont tenus de divulguer les informations fournies par le vendeur aux acheteurs potentiels. Le fait de ne pas divulguer les défauts connus peut exposer le vendeur à des responsabilités légales et à d'éventuelles poursuites judiciaires de la part des acheteurs qui découvrent des problèmes non signalés après la vente.

Vérifications nécessaires : La divulgation par le vendeur est un élément important du processus de diligence raisonnable pour les acheteurs.

Il donne des informations essentielles sur l'état de la propriété et permet aux acheteurs de poser des questions, de procéder à des inspections supplémentaires et de négocier des réparations ou des crédits avec le vendeur au besoin.

Protection de l'acheteur : La divulgation d'un vendeur aide les consommateurs à éviter d'acheter une propriété présentant des défauts cachés ou des problèmes qui pourraient être coûteux à résoudre. Les acheteurs peuvent être assurés que le vendeur a été ouvert et honnête quant à l'état de la propriété.

Documentation : La divulgation du vendeur documente les affirmations du vendeur concernant l'état de la propriété. Si un litige surgit après la clôture concernant des problèmes non signalés, la divulgation du vendeur peut être utilisée comme preuve dans une procédure judiciaire.

Dans l'ensemble, la divulgation d'un vendeur est un document précieux qui favorise la transparence et une communication ouverte entre acheteurs et vendeurs. Les acheteurs doivent examiner attentivement les informations fournies par le vendeur et poser des questions sur toute difficulté ou préoccupation avant de procéder à l'achat.

QU'EST-CE QUE ESCROW ET COMMENT CELA FONCTIONNE DANS L'IMMOBILIER ?

Escrow est une méthode de transaction immobilière qui protège les intérêts des acheteurs et des vendeurs en exigeant que toutes les parties s'acquittent de leurs responsabilités avant la conclusion de la transaction. Voilà comment cela fonctionne.

Une fois que l'acheteur et le vendeur ont signé un contrat d'achat, le séquestre est initié auprès d'un tiers neutre, généralement une entreprise de séquestre ou de titre. Pour démontrer sa bonne foi, le dépôt d'acompte de l'acheteur est placé sous séquestre.

Dépôt d'espèces et de documents : L'acheteur place l'argent nécessaire à l'achat, y compris l'acompte et les éventuels frais de clôture supplémentaires, sous séquestre. Le vendeur peut également fournir au séquestre tous documents essentiels, tels que l'acte de propriété ou les clés de la maison.

Recherche de titre et assurance : Le détenteur du séquestre recherche le titre de propriété pour garantir qu'il n'y a pas de privilèges, de charges ou de conflits de propriété. Ils organisent également une assurance titres pour protéger l'acheteur et le prêteur de toute difficulté potentielle en matière de titres.

Temps de contingence : Pendant le délai prévu au contrat d'achat, l'acheteur peut procéder à des inspections, obtenir du financement et vérifier les informations du vendeur. Si des problèmes surviennent dans ce délai, l'acheteur peut demander des réparations ou des crédits au vendeur.

Divulgation de clôture : Avant la clôture, le détenteur du séquestre envoie à l'acheteur et au vendeur une déclaration de clôture qui détaille les conditions finales de la transaction, telles que le prix d'achat, les frais de clôture et tout changement ou calcul au prorata.

Fermeture : Une fois toutes les éventualités remplies, le prêteur de l'acheteur finance le prêt et prépare les documents de clôture. L'acheteur et le vendeur signent les documents pertinents et le détenteur du séquestre distribue les sommes aux parties appropriées, y compris le remboursement de toute hypothèque ou privilège en cours sur la propriété.

Enregistrement : Après la clôture, le détenteur du séquestre s'assure que l'acte et les autres documents juridiques sont correctement enregistrés auprès de l'agence gouvernementale compétente, transférant ainsi la propriété de la propriété du vendeur à l'acheteur.

Escrow facilite les transactions immobilières de manière sécurisée et impartiale, garantissant que toutes les parties s'acquittent de leurs responsabilités et que la transaction se déroule rapidement et efficacement.

QU'EST-CE QU'UNE CONTRE-OFFRE EN IMMOBILIER ?

Une contre-offre immobilière est la réponse d'un vendeur à l'offre initiale de l'acheteur qui détaille les révisions des termes du contrat d'achat. Voilà comment cela fonctionne.

Offre initiale : L'acheteur fait une offre initiale sur la propriété, précisant le prix d'achat, la date de clôture, les éventualités et toutes autres conditions et circonstances.

Réponse du vendeur : Plutôt que d'accepter ou de rejeter directement l'offre de l'acheteur, le vendeur peut choisir de faire une contre-offre. La contre-offre recommande souvent des ajustements aux conditions de l'offre précédente, comme un prix d'achat plus élevé, une nouvelle date de clôture ou des stipulations mises à jour.

Négociation : L'acheteur et le vendeur continuent d'échanger des contre-offres jusqu'à ce qu'ils se mettent d'accord sur toutes les conditions du contrat d'achat.

Cette procédure de va-et-vient peut nécessiter de nombreuses séries de contre-offres jusqu'à ce que les deux parties soient satisfaites des conditions.

Acceptation ou rejet : Une fois que les deux parties se sont mises d'accord sur les conditions du contrat d'achat, elles signent le contrat final et la transaction se clôture. Si l'une des parties ne parvient pas à s'entendre sur les conditions, elle peut rejeter la contre-offre et se retirer de la transaction.

Les contre-offres sont un élément régulier du processus de négociation dans les transactions immobilières, permettant aux acheteurs et aux vendeurs d'élaborer les conditions de la vente jusqu'à ce qu'ils parviennent à un accord mutuellement acceptable.

QU'EST-CE QU'UNE GARANTIE HABITATION ET DOIS-JE EN ACHETER UNE ?

Une garantie habitation est un contrat de service qui couvre la réparation ou le remplacement de gros équipements et appareils électroménagers. Une garantie maison, même si elle n'est pas nécessaire, peut offrir aux propriétaires une tranquillité d'esprit et une sécurité financière. Voici ce à quoi vous devez penser lorsque vous décidez d'acheter ou non une garantie habitation.

Couverture : Les garanties résidentielles incluent souvent une couverture pour le CVC, la plomberie, l'électricité et les gros appareils électroménagers tels que les réfrigérateurs, le lave-vaisselle et les fours. Certaines garanties peuvent également inclure une couverture facultative pour les équipements de piscine et les ouvre-portes de garage.

Coût : Le prix d'une garantie habitation varie en fonction du niveau de couverture, de la taille de votre propriété et du fournisseur. En règle générale, la prime annuelle varie de quelques centaines à mille dollars.

Appels de service : Si un système ou un appareil couvert tombe en panne, vous en informerez le fournisseur de garantie et déposerez une réclamation. Ils feront en sorte qu'un technicien de service vienne évaluer le problème. Chaque appel de service entraînera normalement des frais de service, souvent appelés franchise.

Limitations et exclusions : Pour comprendre ce qui est couvert et ce qui n'est pas couvert par une garantie résidentielle, lisez attentivement les termes et conditions. La plupart des garanties incluent des limitations et des exclusions, et certaines affections préexistantes peuvent ne pas être couvertes.

Tranquillité d'esprit : Une garantie résidentielle peut vous offrir une tranquillité d'esprit en vous protégeant contre les coûts de réparation imprévus des principaux systèmes et appareils électroménagers de la maison. Cela peut être particulièrement utile pour les acheteurs d'une première maison qui n'ont pas les moyens financiers nécessaires pour faire face aux coûts de réparations majeures.

Enfin, la question de savoir si vous devez ou non acquérir une garantie résidentielle est déterminée par votre situation spécifique et votre niveau de tolérance au risque. Le coût de la garantie doit être mis en balance avec les économies possibles sur les réparations et la tranquillité d'esprit qu'elle procure.

COMMENT FONCTIONNENT LES IMPÔTS FONCIERS LORSQUE VOUS ACHETEZ UNE MAISON ?

Les taxes foncières sont prélevées par les gouvernements locaux sur les biens immobiliers tels que les terrains et les bâtiments. Voici comment fonctionnent les taxes foncières lorsque vous achetez une maison :

L'évaluation est le processus par lequel les autorités fiscales locales calculent la valeur imposable de chaque propriété relevant de leur juridiction. Cette évaluation est généralement basée sur la taille, l'emplacement et les commodités de la propriété.

Taux d'imposition : Une fois la valeur imposable de la propriété déterminée, le gouvernement local établit un taux d'imposition, également appelé taux de millage ou prélèvement, qui est utilisé pour calculer le montant de l'impôt foncier dû. Le taux d'imposition est indiqué en moulins, un moulin étant égal à un dixième de pour cent (0,001).

Plan de paiement : Les impôts fonciers sont normalement dus chaque année, bien que le plan de paiement spécifique et les dates d'échéance puissent différer en fonction des restrictions municipales. Dans certaines régions, les taxes foncières peuvent être payées en plusieurs versements tout au long de l'année.

Prorata : Lors de l'achat d'une maison, les taxes foncières sont souvent réparties au prorata entre l'acheteur et le vendeur en fonction de la date de clôture.

L'acheteur paie la part des taxes dues pour la durée de possession du bien, tandis que le vendeur paie la part due pour la durée de possession du bien au cours de l'année d'imposition.

Compte séquestre : De nombreux prêteurs exigent que les emprunteurs déposent leurs impôts fonciers et leur assurance habitation avec leur versement hypothécaire mensuel. Le prêteur perçoit mensuellement les liquidités de l'emprunteur et paie les impôts fonciers et l'assurance en son nom à l'échéance.

Processus d'appel : Si vous pensez que votre propriété a été surévaluée ou si vous n'êtes pas d'accord avec le montant des impôts fonciers à payer, vous pourrez peut-être faire appel de l'évaluation en utilisant un processus formel décrit par votre autorité fiscale locale.

Les impôts fonciers financent les services et les infrastructures du gouvernement local, tels que les écoles, la sécurité publique et l'entretien des routes. Les propriétaires doivent comprendre comment les taxes foncières sont calculées et payées afin de se conformer aux exigences municipales.

QU'EST-CE QU'UNE INFORMATION CLÔTURE ET POURQUOI EST-ELLE IMPORTANTE ?

Une divulgation finale est un document de cinq pages qui détaille les conditions et les coûts finaux d'un prêt hypothécaire, tels que le montant du prêt, le taux d'intérêt, les frais de clôture et d'autres frais. Voici pourquoi c'est important dans le processus d'achat d'une maison :

Transparence : L'information finale clarifie les conditions et les coûts du prêt hypothécaire. Il permet aux emprunteurs de vérifier et de comparer les conditions définitives avec l'estimation du prêt fournie par le prêteur au début de la procédure.

Conformité : Le Bureau de protection financière des consommateurs (CFPB) exige la clôture des divulgations en vertu de la Truth in Lending Act (TILA) et de la Real Estate Settlement Procedures Act (RESPA). Les prêteurs doivent présenter aux emprunteurs une déclaration de clôture au moins trois jours ouvrables avant la clôture pour leur laisser le temps d'évaluer les conditions et de soulever des questions.

Précision : Les informations de clôture doivent représenter avec précision les conditions finales du prêt, telles que le montant du prêt, le taux d'intérêt, le paiement mensuel et les frais de clôture.

Toute différence entre les informations de clôture et l'estimation du prêt doit être rectifiée avant la clôture.

Les emprunteurs peuvent se protéger en examinant les informations de clôture et en s'assurant qu'aucun frais ou dépense imprévus n'est perçu à la clôture. Il permet aux emprunteurs de découvrir et de résoudre tout problème ou conflit avec le prêteur avant de conclure la transaction.

Les emprunteurs peuvent utiliser les informations de clôture pour comparer les conditions et frais finaux du prêt à l'estimation du prêt fournie par leur prêteur. S'il existe des variations importantes entre les deux documents, les emprunteurs pourront peut-être renégocier ou renoncer à leur prêt.

Éducation : L'information finale permet aux emprunteurs de poser des questions et d'obtenir des explications sur les conditions ou les frais qu'ils ne comprennent pas. Les emprunteurs doivent bien comprendre les conditions de leur prêt hypothécaire avant de le conclure pour éviter toute surprise plus tard.

Dans l'ensemble, la déclaration finale est un document essentiel dans le processus d'achat d'une maison qui informe les emprunteurs sur les conditions et les coûts de leur prêt hypothécaire. Les emprunteurs doivent examiner attentivement les informations de clôture et poser des questions sur tout ce qu'ils ne comprennent pas avant de conclure le prêt.

COMMENT DÉTERMINER MON RATIO DETTE SUR REVENU (DTI) POUR LES HYPOTHÈQUES ?

Votre ratio d'endettement (DTI) est un élément important pour les prêteurs lorsqu'ils déterminent votre éligibilité à un prêt immobilier. Il compare vos remboursements mensuels de dette à votre revenu mensuel total. Voici comment déterminer votre DTI.

Additionnez vos paiements mensuels de dette : Commencez par additionner tous vos remboursements mensuels de dettes, tels que :

- ☐ Paiements d'hypothèque ou de loyer.
- ☐ Prêts automobiles
- ☐ Prêts étudiants
- ☐ Paiement minimum par carte de crédit.
- ☐ Prêts personnels
- ☐ Pension alimentaire pour enfants et pension alimentaire

Calculez votre revenu mensuel brut. Ensuite, déterminez votre revenu mensuel brut, qui correspond à la totalité de vos revenus avant impôts et déductions éventuelles. Cela peut inclure des revenus provenant de sources telles que :

- ☐ Salaire ou traitement ?
- ☐ Bonus ou commission
- ☐ Revenus de location et de placement
- ☐ Prestations de sécurité sociale ou d'invalidité.

Divisez vos mensualités de dette par votre revenu mensuel brut. Enfin, divisez le total de vos remboursements mensuels de dette par votre revenu mensuel brut, puis multipliez le résultat par 100 pour obtenir un pourcentage. La formule ressemble à ceci :

DTI = (Paiements mensuels totaux de la dette/Revenu mensuel brut) x 100.

Le DTI est calculé en multipliant le revenu mensuel brut par le total des remboursements mensuels de la dette.

Par exemple, si le total de vos remboursements mensuels de dette est de 1 500 $ et que votre revenu mensuel brut est de 5 000 $, votre DTI sera :

DTI = (1 500 /5 000) × 100 = 30 %

DTI= (5 000 /1 500) ×100=30 %

Interprétez votre DTI : Les prêteurs préfèrent les emprunteurs avec un DTI de 43 % ou moins, tandis que certains programmes de prêt peuvent accepter des DTI plus élevés. Un DTI inférieur montre que vous disposez de plus de revenus pour faire face à vos obligations de prêt, ce qui fait de vous un emprunteur moins risqué aux yeux des prêteurs.

Calculer votre DTI avant de demander un prêt hypothécaire vous donnera une meilleure idée de votre situation financière et du montant que vous pouvez vous permettre d'emprunter. Si votre DTI est élevé, vous devrez peut-être réduire votre dette ou augmenter vos revenus afin d'être admissible à un prêt hypothécaire à des conditions   avantageuses.

QUELS SONT QUELQUES FRAIS DE CLÔTURE TYPIQUES POUR L'ACHAT D'UNE MAISON ?

Les frais de clôture sont les frais et dépenses engagés lors de l'acquisition d'une maison à la table de clôture. Les frais de clôture peuvent varier en fonction du prix d'achat et de l'emplacement de la maison. Cependant, vous devez être conscient des frais de clôture fréquents suivants :

Frais de montage de prêt : Ces frais couvrent les frais administratifs associés au traitement et à la souscription de votre prêt hypothécaire.

Frais d'évaluation : Les prêteurs demandent généralement une évaluation pour déterminer la valeur de la propriété, et les emprunteurs sont responsables de la payer.

L'assurance titres est généralement souscrite par les prêteurs et les acheteurs pour se protéger contre d'éventuels problèmes de titre tels que les privilèges, les charges ou les litiges de propriété.

Frais d'inspection de la maison : Bien que cela ne soit pas nécessairement obligatoire, de nombreux acheteurs préfèrent faire effectuer une inspection professionnelle de leur propriété afin d'évaluer l'état de la propriété et d'identifier tout problème potentiel.

Frais juridiques : Dans certaines régions, les acheteurs devront peut-être engager un avocat pour superviser le processus de clôture et garantir l'exactitude de tous les documents juridiques.

Frais d'enregistrement : ces frais couvrent le coût de l'enregistrement de l'acte et d'autres documents juridiques auprès de l'organisme gouvernemental approprié pour transférer le titre de propriété.

Les sociétés de dépôt ou de titres, comme les conseillers financiers, facturent généralement des frais pour leurs services de supervision du processus de clôture et de gestion des fonds en dépôt.

Les acheteurs sont souvent tenus d'effectuer des paiements initiaux pour diverses dépenses tout au long du processus de clôture. Les impôts fonciers, l'assurance habitation et les intérêts payés d'avance sur les prêts hypothécaires sont quelques exemples de ces frais.

Frais de l'association des propriétaires (HOA) : Si la propriété fait partie d'une association de propriétaires, les acheteurs peuvent être tenus de payer toutes les cotisations ou frais HOA impayés à la clôture.

Droits de mutation : Certains États et municipalités prélèvent des taxes de transfert ou de cession sur les transactions immobilières, qui sont généralement partagées entre l'acheteur et le vendeur.

Les acheteurs doivent prévoir les frais de clôture en plus de leur mise de fonds et des autres dépenses liées à l'achat d'une maison. Votre prêteur ou agent immobilier peut vous proposer une estimation approfondie des frais de clôture en fonction de votre situation particulière.

QU'EST-CE QUE L'ASSURANCE HYPOTHÉCAIRE PRIVÉE (PMI) ET EN AI-JE BESOIN ?

L'assurance hypothécaire privée (PMI) est un type d'assurance que les prêteurs demandent aux emprunteurs d'acquérir s'ils versent moins de 20 % sur un prêt hypothécaire standard. PMI protège le prêteur dans le cas où l'emprunteur ne rembourse pas le prêt et que la propriété est saisie. Voici tout ce que vous devez savoir sur le PMI :

Coût : Le coût du PMI varie en fonction du montant de votre mise de fonds, de votre cote de crédit et du type de prêt hypothécaire. Le PMI coûte généralement entre 0,3 % et 1,5 % du montant initial du prêt par an, payable en versements mensuels.

Annulation : Une fois que vous disposez d'une valeur nette suffisante sur votre maison, généralement lorsque votre ratio prêt/valeur (LTV) atteint 80 %, vous pourrez peut-être annuler votre PMI. Alternativement, si vous êtes à jour dans vos versements hypothécaires, le PMI s'arrêtera automatiquement lorsque votre ratio LTV atteindra 78 % de la valeur d'origine de la propriété.

Acompte : Verser un acompte plus élevé peut vous permettre d'éviter ou de minimiser le coût du PMI. Par exemple, si vous versez un acompte de 10 % ou 15 % au lieu des 3 % à 5 % requis, vos primes PMI peuvent être réduites.

Types de prêt : Le PMI est normalement requis pour les prêts hypothécaires traditionnels avec des acomptes inférieurs à 20 %. Les prêts garantis par le gouvernement, tels que les prêts FHA et USDA, sont soumis à des exigences d'assurance hypothécaire distinctes qui peuvent différer de celles du PMI.

Les primes PMI peuvent être déductibles d'impôt pour les emprunteurs qualifiés, sous réserve de plafonds de revenus et d'autres conditions. Consultez un fiscaliste pour voir si vous êtes admissible à cette déduction.

Bien que le PMI augmente le coût de l'accession à la propriété, il peut le rendre plus abordable pour les acheteurs qui ne peuvent pas verser une mise de fonds importante à l'avance. Lorsque vous décidez d'un prêt hypothécaire et que vous établissez un budget pour l'accession à la propriété, gardez à l'esprit le coût du PMI.

QU'EST-CE QU'UNE LIGNE DE CRÉDIT SUR LA VALEUR DOMICILIAIRE (HELOC) ET COMMENT ÇA FONCTIONNE ?

Une ligne de crédit sur valeur immobilière (HELOC) est une sorte de crédit renouvelable qui permet aux propriétaires d'emprunter sur la valeur nette qu'ils ont accumulée dans leur propriété. Voilà comment cela fonctionne.

Accès aux fonds : Un HELOC permet aux propriétaires d'emprunter des fonds selon leurs besoins, jusqu'à une limite de crédit prédéterminée, et d'utiliser la valeur nette de leur maison comme garantie. Les emprunteurs peuvent accéder aux fonds en écrivant des chèques, en utilisant une carte de débit ou en envoyant de l'argent en ligne.

Remboursement : Pendant la période de tirage, qui dure normalement de 5 à 10 ans, les emprunteurs peuvent effectuer des remboursements uniquement sur les intérêts du prêt. Une fois le délai de tirage écoulé, le HELOC entre dans la phase de remboursement, au cours de laquelle les emprunteurs doivent rembourser à la fois le capital et les intérêts sur la somme impayée.

Taux d'intérêt variable : Les HELOC comportent généralement des taux d'intérêt variables liés à un taux de référence, comme le taux préférentiel. Cela signifie que le taux d'intérêt et le montant du paiement mensuel peuvent changer avec le temps, augmentant ainsi le coût de l'emprunt.

Utilisation flexible des fonds : Les emprunteurs peuvent utiliser l'argent HELOC pour divers objectifs, notamment la rénovation de leur logement, la consolidation de dettes, les frais de scolarité et les besoins imprévus.

Déductibilité fiscale : Dans certaines circonstances, les intérêts payés sur un HELOC peuvent être déductibles d'impôt, sous réserve de certaines limitations et restrictions. Consultez un fiscaliste pour voir si vous êtes admissible à cette déduction.

Risque de saisie : Le non-remboursement d'un HELOC, comme tout autre prêt garanti par une maison, peut entraîner une saisie, mettant votre maison en danger. Empruntez judicieusement et ne souscrivez un HELOC que si vous pouvez vous permettre de le rembourser.

Les HELOC peuvent être un outil financier efficace pour les propriétaires qui ont besoin de liquidités pour des coûts ou des investissements importants. Cependant, il est essentiel de bien peser les risques et les avantages d'un HELOC et d'emprunter judicieusement en fonction de votre situation financière unique.

QUELLE EST LA DISTINCTION ENTRE UN HYPOTHÈQUE À TAUX FIXE ET UN HYPOTHÈQUE À TAUX RÉVISABLE (ARM) ?

Les prêts hypothécaires à taux fixe (FRM) et les prêts hypothécaires à taux variable (ARM) sont deux types de prêts hypothécaires populaires, présentant à la fois des avantages et des inconvénients. Voici en quoi ils diffèrent :

Prêts hypothécaires à taux fixe :

Les prêts hypothécaires à taux fixe ont un taux d'intérêt qui reste constant pendant la durée du prêt, qui est souvent de 15 ou 30 ans. Cela implique que votre paiement mensuel du capital et des intérêts sera le même chaque mois, ce qui vous apportera stabilité et certitude.

Mensualités : Étant donné que le taux d'intérêt est fixe, vos versements hypothécaires mensuels le sont également, ce qui facilite la budgétisation et la planification des dépenses d'accession à la propriété.

Stabilité à long terme : Les prêts hypothécaires à taux fixe sont parfaits pour les emprunteurs qui apprécient la stabilité et la prévisibilité à long terme de leurs versements hypothécaires, en particulier en période de hausse des taux d'intérêt.

Les prêts hypothécaires à taux fixe ont souvent des taux d'intérêt initiaux plus élevés que les ARM, ce qui les rend plus chers à court terme.

Hypothèque à taux variable (ARM) :

Taux d'intérêt : Un prêt hypothécaire à taux variable (ARM) a un taux d'intérêt variable qui peut fluctuer dans le temps en fonction des modifications d'un taux de référence défini, tel que le taux préférentiel ou le taux interbancaire offert à Londres.

Durée du taux initial : La plupart des ARM ont une durée initiale à taux fixe pendant laquelle le taux d'intérêt reste stable pendant une durée spécifique, généralement 5, 7 ou 10 ans. Après la première fois, le taux d'intérêt est ajusté mensuellement en fonction des conditions du marché.

Taux d'intérêt de départ plus bas : Les ARM offrent souvent des taux d'intérêt de départ plus bas que les prêts hypothécaires à taux fixe, ce qui les rend plus abordables à court terme. Toutefois, les débiteurs doivent se préparer à des paiements plus importants une fois le délai initial écoulé.

Modifications de paiement : Étant donné que les taux d'intérêt peuvent fluctuer au fil du temps, votre versement hypothécaire mensuel peut augmenter ou diminuer en réponse aux mouvements des taux d'intérêt. Cela peut rendre la budgétisation plus difficile, surtout si les taux augmentent considérablement.

Lorsque vous décidez entre un prêt hypothécaire à taux fixe et un ARM, vous devez examiner vos objectifs financiers, votre tolérance au risque et vos projets futurs. Si vous recherchez la cohérence et la prévisibilité, un prêt hypothécaire à taux fixe pourrait être la meilleure option. Si vous acceptez une certaine volatilité et souhaitez profiter de taux de départ plus bas, un ARM peut être intéressant à envisager.

QUELLE EST LA DIFFÉRENCE ENTRE UN PRÊT CONVENTIONNEL ET UN PRÊT GARANTI PAR LE GOUVERNEMENT ?

Les prêts conventionnels et les prêts garantis par le gouvernement sont les deux principales formes de prêts hypothécaires, chacun avec ses propres règles d'éligibilité, limites de prêt et conditions. Voici en quoi ils diffèrent :

Prêt conventionnel :

Prêteur : Le gouvernement n'assure ni ne garantit les prêts conventionnels. Au lieu de cela, ils sont créés et financés par des prêteurs privés tels que des banques, des coopératives de crédit et des sociétés de prêts hypothécaires.

Acompte : Les prêts conventionnels nécessitent normalement un acompte d'au moins 3 à 20 % du prix d'achat, tandis que les candidats ayant un excellent crédit peuvent être éligibles à un acompte moins élevé.

Assurance hypothécaire privée (PMI) : Les emprunteurs disposant d'une mise de fonds inférieure à 20 % sur un prêt traditionnel sont généralement tenus de souscrire une assurance hypothécaire privée (PMI) pour protéger le prêteur en cas de défaut de paiement.

Pointage de crédit : Les prêts conventionnels ont souvent des exigences de cote de crédit plus strictes que les prêts garantis par le gouvernement, avec des cotes de crédit minimales allant de 620 à 680, selon le prêteur et le type de prêt.

Prêts garantis par le gouvernement :

La Fédéral Housing Administration (FHA), le Département of Vétérans Affairs (VA) ou le United States Département of

Agriculture (USDA) assurent ou garantissent les prêts garantis par le gouvernement.

Acompte : Les prêts garantis par le gouvernement nécessitent souvent des acomptes inférieurs à ceux des prêts conventionnels. Par exemple, les prêts FHA nécessitent un acompte de 3,5 %, tandis que les prêts VA et USDA peuvent offrir des options d'acompte de 0 % aux clients qualifiés.

Assurance hypothécaire : Les prêts garantis par le gouvernement peuvent nécessiter des frais d'assurance hypothécaire, comparables au PMI sur les prêts conventionnels, pour protéger le prêteur contre un défaut de paiement. Toutefois, les exigences et le coût de l'assurance hypothécaire peuvent différer selon le type de prêt et la solvabilité de l'emprunteur.

Pointage de crédit : Les prêts garantis par le gouvernement ont généralement des exigences de cote de crédit plus flexibles que les prêts traditionnels, ce qui les rend accessibles aux emprunteurs ayant des cotes de crédit plus faibles ou des antécédents de crédit moins établis.

Lorsqu'ils choisissent entre un prêt conventionnel et un prêt garanti par le gouvernement, les emprunteurs doivent examiner leur cote de crédit, le montant de leur acompte et leur éligibilité à certains programmes de prêt. Pour obtenir la solution hypothécaire idéale adaptée à vos besoins spécifiques et à votre situation financière, vous devez magasiner et comparer les possibilités de prêt de plusieurs prêteurs.

QU'EST-CE QUE L'ARGENT ET POURQUOI EST-IL IMPORTANT DANS LES TRANSACTIONS IMMOBILIÈRES ?

Les arrhes sont un dépôt fourni par un acheteur pour montrer son intention sincère d'acquérir une propriété. Il est souvent payé d'avance lorsque le contrat d'achat est signé et conservé sous séquestre jusqu'à ce que la transaction soit finalisée. Voici pourquoi les arrhes sont importantes dans une transaction immobilière :

Démontre l'engagement de l'acheteur : En contribuant sérieusement, l'acheteur démontre au vendeur qu'il souhaite sérieusement acheter la propriété et qu'il dispose des ressources financières pour le faire. Cela permet de montrer le dévouement de l'acheteur à la transaction.

Les arrhes protègent le vendeur dans le cas où l'acheteur annule la transaction sans motif justifiable. Si l'acheteur ne s'acquitte pas de ses obligations en vertu du contrat d'achat, comme effectuer des inspections ou obtenir un financement, le vendeur peut avoir le droit de conserver les arrhes en guise de récompense pour son temps et ses inconvénients.

Outil de négociation : L'offre d'arrhes de l'acheteur peut être utilisée pour négocier pendant le processus d'offre.

Un dépôt d'acompte plus élevé peut indiquer au vendeur que l'acheteur est financièrement en sécurité et engagé dans la transaction, ce qui rend son offre plus attrayante.

Les arrhes sont souvent utilisées pour couvrir l'acompte de l'acheteur ou les frais de clôture une fois la transaction terminée. Cela réduit le montant d'argent requis par l'acheteur à la table de clôture et peut aider à couvrir les frais de transaction.

Risque pour l'acheteur : Si les arrhes protègent le vendeur, elles exposent également l'acheteur à un risque financier. Si l'acheteur ne remplit pas ses obligations en vertu du contrat d'achat sans raison valable, il peut renoncer à ses arrhes au profit du vendeur.

En fin de compte, les arrhes constituent un élément important d'une transaction immobilière car elles montrent l'engagement de l'acheteur envers l'achat et offrent une certaine protection au vendeur. Les deux parties doivent comprendre les termes et circonstances des arrhes telles que stipulées dans le contrat d'achat.

QU'EST-CE QU'UNE ANALYSE COMPARATIVE DE MARCHÉ (CMA) ET POURQUOI EST-ELLE UTILE ?

Une analyse comparative de marché (AMC) est une stratégie utilisée par les courtiers immobiliers pour évaluer la juste valeur marchande d'une propriété en la comparant aux propriétés récemment vendues dans la même région. Pourquoi une CMA est-elle utile ?

Détermine la valeur marchande : Une CMA aide les vendeurs à déterminer le meilleur prix d'inscription pour leur maison en fonction des conditions actuelles du marché et des ventes récentes de propriétés similaires. L'agent immobilier peut déterminer la juste valeur marchande de la propriété en examinant les données de résidences similaires dans la région.

Définit des attentes réalistes : Même si les vendeurs peuvent avoir un certain prix en tête pour leur propriété, une CMA donne un aperçu objectif de la valeur marchande basée sur les données de ventes récentes. Cela aide les vendeurs à définir des attentes raisonnables et évite les prix excessifs, qui peuvent rebuter les acheteurs potentiels.

Un CMA aide les vendeurs à concevoir une stratégie de prix qui tient compte des tendances du marché, de la concurrence et de l'état de la propriété. Il permet aux vendeurs de positionner leur propriété de manière compétitive sur le marché, attirant ainsi des acheteurs potentiels.

Un CMA aide les acheteurs à faire des offres en leur fournissant des informations vitales sur la juste valeur marchande des propriétés qu'ils souhaitent acheter. Cela leur permet de faire des sélections plus éclairées lors de la soumission d'offres et des négociations avec les vendeurs.

Un CMA évalue les tendances du marché en évaluant les données et les modèles de ventes récents sur le marché immobilier local, révélant des informations sur les niveaux de stocks, les jours de présence sur le marché et le désir des acheteurs. Ces informations peuvent aider les acheteurs et les vendeurs à comprendre la dynamique du marché.

Dans l'ensemble, une analyse comparative de marché (AMC) constitue une ressource inestimable tant pour les acheteurs que pour les vendeurs du secteur immobilier. Il offre une évaluation impartiale de la valeur marchande d'une propriété basée sur des données de ventes récentes, aidant les vendeurs à fixer des attentes réalistes en matière de prix et guidant les acheteurs dans la prise de jugements éclairés.

QU'EST-CE QU'UNE ASSOCIATION DE PROPRIÉTAIRES (HOA) ET QUELLES SONT SES RESPONSABILITÉS ?

Une association de propriétaires (HOA) est un groupe formé par un promoteur immobilier ou des habitants locaux pour gérer et contrôler une communauté résidentielle, telle qu'un complexe de copropriétés, une communauté planifiée ou un quartier fermé. Voici tout ce que vous devez savoir sur les HOA et leurs responsabilités :

Gestionnaire de communauté : Le rôle principal d'un HOA est de gérer et d'entretenir les espaces et commodités communs de la communauté, notamment les parcs, les terrains de jeux, les piscines et les club-houses. Le HOA est chargé de veiller à ce que ces lieux soient bien entretenus et accessibles aux résidents.

Application des règles et règlements : Les HOA ont souvent un ensemble de règles et de réglementations appelées clauses, conditions et restrictions (CC&R) qui contrôlent la manière dont les propriétés de la communauté peuvent être utilisées et entretenues. Le HOA est chargé de faire appliquer ces lois et de sanctionner les contrevenants par des amendes, des avertissements ou d'autres moyens.

Les HOA collectent des cotisations et des cotisations régulières auprès des propriétaires pour payer l'entretien et le fonctionnement de la communauté. Cet argent sert à payer des dépenses telles que l'aménagement paysager, les réparations, l'assurance, les services publics et l'administration.

Budgétisation et gestion financière : Le HOA est chargé d'élaborer un budget annuel décrivant les dépenses estimées et les flux de revenus pour l'exercice suivant.

Ils sont également chargés de gérer les finances de l'association, notamment la collecte des cotisations, le paiement des factures et la constitution de réserves pour les besoins futurs.

Événements et activités communautaires : Certaines associations de propriétaires organisent des événements et des activités communautaires pour aider les gens à se sentir plus connectés les uns aux autres. Ceux-ci pourraient inclure des fêtes de Noël, des rassemblements sociaux, des événements récréatifs et des programmes pédagogiques.

Revue architecturale : De nombreuses associations de propriétaires comprennent un comité d'examen architectural qui analyse et approuve les changements prévus à l'extérieur des maisons du quartier, tels que des ajouts, des rénovations ou des améliorations de l'aménagement paysager. Cela contribue à l'intégrité esthétique de la communauté et protège les valeurs des propriétés.

Résolution des litiges : Le HOA peut également agir comme médiateur dans les problèmes entre les propriétaires, tels que les plaintes concernant le bruit, les conflits de stationnement ou les désaccords sur les équipements communs. Ils peuvent avoir mis en place une procédure pour régler les conflits et résoudre les problèmes entre les habitants.

Néanmoins, une association de propriétaires (HOA) est essentielle au maintien et à la gestion des communautés résidentielles en garantissant que les espaces communs sont bien entretenus, que les lois sont respectées et que la valeur des propriétés est préservée. Avant d'acheter une propriété au sein d'une HOA, les acheteurs doivent rechercher minutieusement les règles, les frais et les devoirs de l'association.

QU'EST-CE QUE L'ASSURANCE TITRE ET POURQUOI EST-ELLE IMPORTANTE ?

L'assurance titres est un type d'assurance qui protège les propriétaires et les prêteurs des pertes financières causées par des défauts dans le titre d'une propriété. Voici pourquoi l'assurance titres est essentielle dans une transaction immobilière.

L'assurance titres protège contre divers problèmes de titres qui peuvent avoir une incidence sur les droits de propriété du propriétaire ou sur la sûreté du prêteur sur la propriété. Ces défauts peuvent inclure des erreurs ou des omissions dans les archives publiques, des privilèges ou des charges non divulgués, des contrefaçons ou des fraudes dans la chaîne de titre, ou des revendications de propriété concurrentes.

Droits de propriété : L'assurance titres garantit que le propriétaire dispose d'un titre de propriété clair et négociable, libre de toute charge juridique ou financière qui pourrait mettre en péril ses droits de propriété ou sa capacité à la vendre ou à la refinancer à l'avenir.

Protection du prêteur : Les prêteurs demandent souvent aux emprunteurs d'obtenir une assurance titres du prêteur pour protéger leur sûreté sur la propriété.

L'assurance titres du prêteur protège le solde impayé du prêt hypothécaire dans le cas où la sûreté du prêteur serait contestée en raison d'un vice de titre.

L'assurance titres offre aux propriétaires et aux prêteurs une tranquillité d'esprit puisqu'elle les protège des problèmes imprévus en matière de titres qui pourraient survenir après la clôture. Cela leur donne l'assurance que leur investissement dans la propriété est sûr et qu'ils ne subiront pas de pertes financières en raison de défauts de titre.

Protection rentable : Les frais uniques pour l'assurance titres sont minimes par rapport aux pertes financières possibles causées par un défaut de titre. La souscription d'une assurance titres est une approche abordable pour réduire les risques liés aux problèmes de titres et garantir une transaction immobilière fluide et sécurisée.

Couverture au-delà de la clôture : Contrairement à d'autres types d'assurance, l'assurance titres couvre les événements passés qui peuvent avoir une incidence sur la validité du titre. Il est en vigueur aussi longtemps que le propriétaire ou le prêteur a un intérêt dans la propriété.

Néanmoins, l'assurance titres est un élément nécessaire de toute transaction immobilière puisqu'elle protège les propriétaires et les prêteurs des risques liés aux problèmes de titres. Il offre tranquillité d'esprit et sécurité financière en garantissant que le titre de propriété est clair et négociable.

QU'EST-CE QU'UNE INSPECTION DE MAISON ET POURQUOI EST-ELLE IMPORTANTE ?

Une inspection de maison est une évaluation détaillée de l'état d'une propriété, généralement effectuée par un inspecteur en bâtiment qualifié, afin de découvrir tout problème ou déficience susceptible de compromettre sa sécurité, son intégrité ou sa valeur. Voici pourquoi une inspection de la maison est nécessaire dans le processus d'achat d'une maison :

Identifie les défauts cachés : Une inspection de la maison révèle des défauts ou défauts cachés dans la propriété qui pourraient ne pas être évidents à l'œil nu. Cela couvre les problèmes liés à la construction, aux fondations, au toit, à la plomberie, aux systèmes électriques, aux systèmes CVC, aux appareils électroménagers, etc.

Assure la sûreté et la sécurité : Une inspection de la maison permet de vérifier que la maison est sécuritaire pour l'acheteur et sa famille. Il détecte les risques potentiels ou les problèmes de sécurité, tels que les risques électriques, la moisissure, l'amiante, le radon ou les défauts structurels qui doivent être corrigés.

Une inspection de la maison instruit l'acheteur en lui fournissant des informations utiles et un aperçu de l'état de la propriété. Il aide les acheteurs à comprendre les composants et les systèmes de la maison, leur fonctionnement et l'entretien ou les réparations qui pourraient être nécessaires à l'avenir.

Outil de négociation : Les résultats de l'inspection de la maison peuvent être utilisés comme outil de négociation pendant le processus d'achat d'une maison. Si des défauts importants sont découverts, l'acheteur peut demander au vendeur des réparations, des crédits ou une réduction de prix pour les résoudre.

Budgétisation des réparations : Un rapport d'inspection de la maison comprend une liste complète des travaux de réparation et d'entretien nécessaires. Cela permet à l'acheteur de budgétiser les réparations futures et de prioriser les modifications requises après la clôture.

Tranquillité d'esprit : Une inspection de la maison donne à l'acheteur la certitude qu'il fait un choix éclairé sur la propriété. Cela les rassure sur le fait que la maison est en bon état et qu'il n'y a pas de gros problèmes qui pourraient entraîner une charge financière ou un risque pour la sécurité.

De manière générale, l'inspection de la maison constitue une étape importante dans le processus d'achat d'une maison puisqu'elle permet aux acheteurs de prendre des décisions éclairées tout en protégeant leur investissement dans la propriété. Il fournit des informations cruciales sur l'état de la maison et permet aux acheteurs de rectifier d'éventuels défauts avant de procéder à l'achat final.

QUELS DRAPEAU ROUGE COURANT DEVRIEZ-VOUS RECHERCHER LORS D'UNE INSPECTION DE MAISON ?

Lors d'une inspection de la maison, gardez un œil sur les signaux d'alarme potentiels qui pourraient suggérer de graves problèmes avec la propriété. Voici quelques signes rouges fréquents à surveiller :

Dégâts d'eau : Des taches sur les murs ou les plafonds, des odeurs de moisi, des sols déformés ou une croissance apparente de moisissures peuvent indiquer des fuites, des problèmes de plomberie ou un drainage inadéquat sur la propriété.

Problèmes structurels : Des fissures dans les fondations, les murs ou les plafonds, un sol inégal ou des portes et fenêtres qui collent ou ne ferment pas correctement peuvent signaler des problèmes structurels coûteux à réparer.

Problèmes de toiture : Des bardeaux de toit manquants ou cassés, des lignes de toit affaissées ou inégales, des signes de pénétration d'eau dans le grenier ou des signes de fuites sur le toit peuvent tous signaler des problèmes de toit qui doivent être réparés ou remplacés.

Problèmes électriques : Les systèmes électriques obsolètes ou dangereux, tels que des circuits surchargés, des fils dénudés ou des prises et interrupteurs défectueux, peuvent provoquer des incendies et doivent être réparés par un électricien compétent.

Problèmes de plomberie : *Une* faible pression d'eau, des vidanges lentes, des robinets ou des tuyaux qui fuient, ou des signes de taches d'eau ou de corrosion autour des appareils de plomberie peuvent signaler un problème qui doit être réparé.

Défauts du système CVC : Un chauffage ou un refroidissement inadéquat, des bruits ou des arômes étranges provenant du système CVC, ou des traces évidentes de rouille ou de corrosion sur l'équipement de chauffage ou de refroidissement peuvent indiquer des problèmes du système CVC qui doivent être résolus.

Infestations parasitaires : ***Les*** traces de parasites, telles que les excréments, les marques de rongement ou les dommages évidents causés par les termites, peuvent indiquer une infestation de parasites, nécessitant un enlèvement et une réparation par un professionnel.

Un développement visible de moisissure, des arômes de moisi ou des indicateurs de dégâts d'eau peuvent indiquer des problèmes d'humidité pouvant entraîner la croissance de moisissures, posant des risques pour la santé et nécessitant un nettoyage.

Problèmes de fondation : Des fissures dans les fondations, un tassement irrégulier ou des symptômes de pénétration d'humidité dans le sous-sol ou le vide sanitaire peuvent tous signaler des problèmes de fondation qui pourraient mettre en péril la stabilité de la maison.

Mauvais drainage : Un mauvais drainage autour de la propriété, de l'eau stagnante dans la cour ou au sous-sol ou des indicateurs d'érosion peuvent indiquer des problèmes de drainage pouvant entraîner des dégâts d'eau ou des inondations.

Il est essentiel de noter que tous les défauts découverts lors d'une inspection de la maison ne sont pas des facteurs décisifs, mais ils peuvent nécessiter une enquête plus approfondie ou une négociation avec le vendeur. Un inspecteur en bâtiment qualifié peut aider à détecter les signaux d'alarme potentiels et faire des recommandations sur la façon de les gérer.

QU'EST-CE QU'UNE CLAUSE ESCALADE DANS UNE OFFRE IMMOBILIÈRE ?

Une clause d'indexation est une condition d'une offre immobilière qui permet à l'acheteur d'augmenter automatiquement le prix de son offre par rapport aux offres concurrentes jusqu'à une certaine limite. Voici comment fonctionne une clause d'escalade :

Offre de base : L'acheteur fait une offre de base pour acquérir le bien à un certain prix, généralement légèrement supérieur au prix demandé.

Disposition d'escalade : La clause d'indexation comprend une disposition stipulant que l'offre de l'acheteur augmentera automatiquement d'un incrément prédéterminé au-dessus de toute offre concurrente, jusqu'à un prix maximum fixé par l'acheteur.

Offres concurrentes : Si un autre acheteur fait une offre concurrente sur la propriété, la clause d'indexation est déclenchée et le prix de l'acheteur est immédiatement augmenté du montant fixé par rapport à l'offre concurrente.

Prix maximum : La clause d'indexation précise le prix maximum que l'acheteur est prêt à payer pour le bien. Si l'offre concurrente dépasse le prix maximum de l'acheteur, la clause d'indexation n'est plus applicable et l'offre de l'acheteur reste au prix de base.

Vérification de l'offre concurrente : Dans la plupart des cas, le vendeur doit produire une vérification de l'offre concurrente afin de déclencher la clause d'escalade. Cela pourrait inclure une copie de l'offre concurrente ou une déclaration signée de l'agent du vendeur confirmant les conditions de l'offre.

Acceptation du vendeur : Le vendeur peut accepter l'offre augmentée ou la contre-offre de l'acheteur avec des conditions différentes. Lors de l'examen des offres, le vendeur peut prendre en compte la solidité financière de l'acheteur, le calendrier de clôture et d'autres stipulations.

Les clauses d'escalade peuvent être une arme bénéfique pour les acheteurs en concurrence sur un marché immobilier en pleine effervescence avec de nombreuses offres sur des logements de premier ordre. Cependant, les acheteurs doivent évaluer soigneusement les dangers et les avantages de l'intégration d'une clause d'escalade dans leur offre, ainsi que demander conseil à leur agent immobilier ou à leur avocat.

QU'EST-CE QUE LA DOUBLE AGENCE EN IMMOBILIER ? EST-CE LÉGAL ?

La double agence se produit lorsqu'un agent ou une entreprise immobilière représente à la fois l'acheteur et le vendeur dans une seule transaction immobilière. Dans un accord de double mandat, l'agent a des obligations fiduciaires envers les deux parties, telles que la loyauté, le secret et la divulgation complète des faits importants. Voici tout ce que vous devez savoir sur la double agence :

Représentation des deux parties : Dans un accord de double agence, l'agent ou la maison de courtage agit à la fois en tant qu'acheteur et vendeur dans la transaction. Cela signifie que l'agent a un devoir de loyauté et une responsabilité fiduciaire envers les deux parties.

Conflit d'intérêt : La double agence suscite des inquiétudes quant aux conflits d'intérêts potentiels, car la loyauté de l'agent est partagée entre l'acheteur et le vendeur. Par exemple, l'agent peut avoir accès à des informations secrètes d'une partie qui pourraient soit profiter, soit nuire à l'autre partie.

Exigences de divulgation : Dans de nombreux pays, les agents immobiliers doivent divulguer leur affiliation à une agence aux deux parties et recevoir le consentement écrit des deux parties avant de procéder à une représentation à double agence.

Cela permet aux acheteurs et aux vendeurs de prendre des décisions plus éclairées quant à l'opportunité d'accepter ou non la double agence.

Représentation limitée : Dans certaines situations, la double agence peut aboutir à une représentation limitée, dans laquelle l'agent joue le rôle de facilitateur plutôt que de défenseur de l'une ou l'autre des parties. Dans ce cas, l'agent peut fournir une assistance administrative et encourager la communication entre les parties mais ne propose pas de plaidoyer ni de conseils.

Considérations légales : Bien que la double agence soit autorisée dans de nombreux endroits, elle est soumise à des règles et des limites conçues pour protéger les intérêts des acheteurs et des vendeurs. Certains États interdisent catégoriquement la double agence, tandis que d'autres l'autorisent sous certaines conditions et exigences de divulgation.

Options alternatives : Lorsque la double agence n'est pas autorisée ou conseillée, les acheteurs et les vendeurs peuvent traiter avec différents agents de la même maison de courtage ou embaucher leur propre représentation indépendante.

La double agence peut être une pratique complexe et controversée dans le secteur immobilier, soulevant des questions sur les conflits d'intérêts et l'impartialité. Les acheteurs et les vendeurs doivent comprendre les conséquences de la double agence et peser soigneusement leurs options lorsqu'ils choisissent leur représentation dans une transaction immobilière.

QU'EST-CE QU'UNE GARANTIE HABITATION ET EST-CE QUE ÇA VAUT LA VALEUR DE L'ACHETER ?

Une garantie résidentielle est un contrat de service qui couvre la réparation ou le remplacement des principaux systèmes et appareils électroménagers en raison de l'usure normale. Voici tout ce que vous devez savoir sur les garanties résidentielles et si elles valent la peine d'être achetées :

Les garanties résidentielles incluent souvent une couverture pour le CVC (chauffage, ventilation et climatisation), la plomberie, l'électricité et les gros appareils électroménagers tels que les réfrigérateurs, les fours, le lave-vaisselle et les machines à laver. Certaines polices de garantie résidentielle peuvent offrir une couverture facultative pour des éléments supplémentaires tels que l'équipement de piscine ou les ouvre-portes de garage.

Coût : Le coût d'une garantie habitation varie en fonction du degré de couverture, de la taille et de l'emplacement de la maison ainsi que du fournisseur. Les plans de garantie résidentielle coûtent normalement entre quelques centaines et milliers de dollars par an, avec des frais d'appel de service pour chaque demande de réparation ou de remplacement.

Processus de réclamation : Lorsqu'un article couvert tombe en panne ou fonctionne mal, le propriétaire contacte la société de garantie résidentielle. L'entreprise fait appel à un entrepreneur agréé ou à un expert en service pour diagnostiquer le problème et déterminer s'il est couvert par la garantie.

Si la réparation ou le remplacement est couvert, le propriétaire est responsable des frais d'appel de service, tandis que la société de garantie couvre les frais de réparation ou de remplacement.

Avantages : Les garanties résidentielles peuvent offrir aux propriétaires une tranquillité d'esprit en couvrant les coûts de réparation imprévus des principaux systèmes et appareils électroménagers de la maison. Ils peuvent également être avantageux pour les acheteurs qui achètent une maison de revente, car ils couvrent des systèmes et des appareils plus anciens qui pourraient être en fin de vie.

Limites et exclusions : Lisez attentivement les termes et conditions d'une police de garantie résidentielle, car elles peuvent contenir des limitations, des exclusions et des plafonds de couverture. Les conditions préexistantes, les défauts esthétiques et un entretien incorrect peuvent ne pas être couverts par la garantie.

Proposition de valeur : La valeur ou non d'une garantie résidentielle dépend de l'âge et de l'état de la maison, du coût de la garantie et de la tolérance au risque du propriétaire. Certains propriétaires peuvent profiter de la tranquillité d'esprit et de la sécurité financière offertes par une garantie résidentielle, tandis que d'autres voudront peut-être s'auto-assurer et économiser de l'argent pour d'éventuelles réparations.

En fin de compte, la décision d'acquérir une garantie résidentielle dépend de votre situation particulière, de vos goûts et de votre budget. Il est essentiel d'évaluer minutieusement le coût et la couverture d'un plan de garantie résidentielle et de déterminer s'il répond à vos besoins et à vos objectifs en tant que propriétaire.

QUELS SONT QUELQUES FRAIS DE CLÔTURE COURANTS DANS LES TRANSACTIONS IMMOBILIÈRES ?

Les frais de clôture sont des frais et dépenses engagés lors de l'acquisition ou de la vente d'une propriété qui sont normalement payés à la clôture ou au règlement de la transaction. Voici quelques frais de clôture typiques dans une transaction immobilière :

Les frais de montage de prêt couvrent les frais administratifs de traitement et de souscription du prêt hypothécaire. Il est généralement représenté en pourcentage du montant du prêt.

Frais d'évaluation : Les prêteurs exigent une évaluation pour évaluer la juste valeur marchande de la propriété. L'acheteur paie normalement l'évaluation, qui est réalisée par un évaluateur agréé.

L'assurance titres protège à la fois l'acheteur et le prêteur des pertes financières causées par des problèmes liés au titre de propriété.

L'assurance titres est classée en deux types : l'assurance titres du prêteur, qui protège les intérêts du prêteur dans la propriété, et l'assurance titres du propriétaire, qui protège les droits de propriété de l'acheteur.

Les honoraires d'avocat : Dans certains États, les acheteurs et les vendeurs peuvent faire appel à des avocats pour représenter leurs intérêts lors de la transaction. Les honoraires d'avocat varient en fonction de la complexité de la transaction et du taux horaire de l'avocat.

Frais d'inspection de la maison : En règle générale, l'acheteur paie pour une inspection professionnelle de la maison afin d'analyser l'état de la propriété et d'identifier les défauts ou défauts qui pourraient devoir être réparés.

Frais d'enregistrement : Le gouvernement local facture les frais d'enregistrement de l'acte et d'autres documents juridiques liés au transfert de propriété de la propriété.

Frais de dépôt : Les frais de dépôt fiduciaire couvrent le coût du service de dépôt fiduciaire, qui permet à l'acheteur, au vendeur et au prêteur de transférer des fonds et des documents de manière transparente. Avant la clôture, la société de dépôt garantit que toutes les parties ont rempli leurs engagements en vertu du contrat d'achat.

Impôts fonciers : Selon le moment de la clôture, l'acheteur pourrait être tenu de payer un montant au prorata des taxes foncières de l'année en cours.

Intérêts prépayés : L'acheteur peut être tenu de payer des intérêts payés d'avance à la clôture pour couvrir les intérêts du prêt hypothécaire à partir de la date de clôture jusqu'à la fin de chaque mois.

Frais d'association de propriétaires (HOA) : Si la propriété se trouve dans une communauté avec une association de propriétaires, l'acheteur peut être tenu de payer les cotisations HOA au prorata à la clôture.

Frais d'enquête : L'acheteur peut être tenu de payer un arpentage de la propriété pour valider les lignes de démarcation et identifier les éventuels empiètements ou servitudes.

Frais de messagerie : Il s'agit des frais facturés pour les services de messagerie qui transportent les documents entre les parties engagées dans la transaction.

Les frais de clôture varient en fonction de l'emplacement de la propriété, du montant de l'achat et du type de prêt hypothécaire. Les acheteurs et les vendeurs doivent examiner attentivement les frais de clôture prévus fournis par leur prêteur ou leur agent de clôture et établir un budget en conséquence.

QU'EST-CE QU'UNE LIGNE DE CRÉDIT SUR LA VALEUR DOMICILIAIRE (HELOC) ET COMMENT ÇA FONCTIONNE ?

Une marge de crédit sur valeur domiciliaire (HELOC) est un prêt renouvelable qui permet aux propriétaires d'emprunter sur la valeur nette de leur maison. Voici comment fonctionne un HELOC :

La valeur nette est la différence entre la valeur marchande actuelle de la maison et le montant dû sur le prêt hypothécaire. Par exemple, si la maison vaut 300 000 $ et que le solde hypothécaire est de 200 000 $, le propriétaire dispose de 100 000 $ de valeur nette.

Limite de crédit : Lorsqu'un propriétaire demande un HELOC, le prêteur détermine la limite de crédit en fonction du montant de la valeur nette de la propriété, ainsi que d'autres variables telles que les antécédents de crédit et les revenus de l'emprunteur. Le propriétaire peut emprunter sur la marge de crédit au besoin, jusqu'à concurrence de la limite de crédit.

Période de tirage : La période de tirage est la durée initiale pendant laquelle le propriétaire peut accéder aux fonds du HELOC, qui dure normalement de 5 à 10 ans. Pendant la période de retrait, le propriétaire peut emprunter des fonds et effectuer des paiements d'intérêts uniquement sur le montant emprunté.

Délai de remboursement : Une fois le délai de tirage terminé, le HELOC entre dans la période de remboursement, pendant laquelle le propriétaire n'est plus en mesure d'emprunter de l'argent et doit rembourser la somme impayée. La période de remboursement varie généralement de 10 à 20 ans et peut comprendre à la fois le principal et les intérêts.

Les HELOC ont souvent un taux d'intérêt variable, ce qui implique que le taux peut changer au fil du temps en raison des fluctuations du marché. Le taux d'intérêt est souvent basé sur un taux de référence, tel que le taux préférentiel, majoré d'une marge spécifiée par le prêteur.

Les propriétaires peuvent accéder aux fonds de leur HELOC de diverses manières, notamment en écrivant des chèques, en utilisant une carte de débit liée au compte ou en transférant des fonds par voie électronique. Les emprunteurs peuvent utiliser l'argent pour diverses raisons, notamment pour améliorer leur logement, consolider leurs dettes, payer leurs études et faire face à des crises imprévues.

Un HELOC, comme un prêt hypothécaire, utilise la maison de l'emprunteur comme garantie. Si l'emprunteur ne rembourse pas le prêt conformément aux termes de l'accord, le prêteur peut saisir la propriété pour recouvrer la dette restante.

Déductibilité fiscale : Dans certaines situations, les intérêts payés sur un HELOC peuvent être déductibles d'impôt si les fonds sont utilisés pour des améliorations domiciliaires qui augmentent la valeur de la propriété. Cependant, les lois fiscales régissant les déductions des intérêts HELOC ont changé ces dernières années, les propriétaires devraient donc consulter un conseiller fiscal pour obtenir des conseils.

Dans l'ensemble, une marge de crédit sur valeur domiciliaire (HELOC) est un moyen flexible et pratique pour les propriétaires d'obtenir des fonds sur la valeur nette de leur maison. Pour éviter le surendettement ou le défaut de paiement, il est essentiel d'examiner attentivement les conditions et les dangers liés à un HELOC, ainsi que d'utiliser les fonds correctement.

QU'EST-CE QU'UNE OPTION DE LOCATION DANS L'IMMOBILIER ET COMMENT ÇA MARCHE ?

Une option de location, également connue sous le nom de contrat de location-vente ou de location-achat, est un contrat entre un propriétaire (vendeur) et un locataire (acheteur) qui permet au locataire de louer une propriété pour une durée déterminée avec la possibilité de l'acheter plus tard. C'est ainsi que fonctionne une option de location.

Conditions de l'accord : Le contrat d'option de location comprend les termes et conditions du bail, tels que le montant du loyer mensuel, la durée du bail, le prix d'achat de la propriété et les frais d'option ou la compensation payés par le locataire pour le droit d'acquérir la propriété.

Période d'option : Le contrat d'option de location comprend généralement une période d'option pendant laquelle le locataire a le seul droit d'acheter le bien au prix convenu. La période d'option peut s'étendre de quelques mois à plusieurs années, selon les termes de l'accord.

Frais d'option : Le locataire paie souvent au propriétaire des frais d'option ou une contrepartie à l'avance en échange du droit d'acheter la propriété à une date ultérieure. Les frais d'option sont souvent non remboursables et peuvent être appliqués au prix d'achat de la propriété si le locataire exerce son option d'achat.

Crédits de loyer : Dans le cadre de certains contrats d'option de location, un pourcentage des mensualités du loyer peut être appliqué au prix d'achat du bien si le locataire exerce son option d'achat. Les crédits de loyer incitent le locataire à respecter les termes du bail et éventuellement à acheter le bien.

Prix d'achat : Le contrat d'option de location définit le prix d'achat du bien, qui est normalement calculé au début de la période de location ou sur la base de la valeur marchande actuelle du bien au moment de l'exercice de l'option.

Entretien et réparations : Le contrat d'option de location peut inclure les responsabilités du locataire et du propriétaire en matière d'entretien et de réparations pendant la durée du bail. Dans certaines circonstances, on peut s'attendre à ce que le locataire entretienne la propriété comme s'il en était le propriétaire, même si le propriétaire est toujours responsable des réparations majeures et des problèmes structurels.

Exercice d'option : A l'issue de la période d'option, le locataire pourra exercer son droit d'acquérir le bien aux termes du contrat. Si le locataire n'exerce pas son option, il peut perdre l'argent de l'option et tout crédit de loyer gagné pendant la durée du bail.

finance : Si le locataire choisit d'exercer son option d'achat de la propriété, il doit obtenir un financement pour finaliser la transaction. Les modalités du financement peuvent différer selon la solvabilité du locataire et les critères du prêteur.

Les options de location peuvent constituer un arrangement avantageux tant pour les propriétaires que pour les locataires, permettant aux locataires de louer avec option d'achat tout en offrant aux propriétaires des revenus potentiels et un futur acheteur pour leur propriété. Cependant, les deux parties doivent analyser attentivement les dispositions du contrat d'option de location et peser les risques et les avantages potentiels avant de s'engager dans l'accord.

QU'EST-CE QUE L'ASSURANCE HYPOTHÉCAIRE PRIVÉE (PMI) ET QUAND EST-ELLE REQUISE ?

L'assurance hypothécaire privée (PMI) est une sorte d'assurance qui couvre le prêteur en cas de défaut de paiement de l'emprunteur sur son prêt hypothécaire. Le PMI est généralement requis pour les prêts hypothécaires traditionnels avec un acompte inférieur à 20 %. Voici comment fonctionne le PMI et quand il est nécessaire :

Exigence d'acompte : Le PMI est souvent requis lorsque l'emprunteur contribue à hauteur de moins de 20 % du prix d'achat de la maison. Les emprunteurs dont la mise de fonds est inférieure à 20 % sont considérés comme présentant un risque plus élevé par les prêteurs en raison du manque de valeur nette de la propriété.

Le coût du PMI fluctue en fonction du montant du prêt, du ratio prêt/valeur et de la cote de crédit de l'emprunteur. Les primes PMI sont souvent incluses dans le versement hypothécaire mensuel de l'emprunteur ou payées en totalité à la clôture.

Annulation du PMI : Les emprunteurs peuvent demander l'annulation du PMI s'ils ont accumulé suffisamment de capitaux propres dans la propriété, ce qui se produit normalement lorsque le ratio prêt/valeur est de 80 % ou moins.

Les prêteurs sont tenus d'interrompre immédiatement le PMI lorsque le ratio prêt/valeur dépasse 78 % de la valeur d'origine de la propriété.

Assurance hypothécaire PMI vs FHA : Contrairement aux prêts hypothécaires conventionnels, les prêts FHA (Federal Housing

Administration) obligent les emprunteurs à payer des versements d'assurance hypothécaire (MIP), quel que soit le montant de leur mise de fonds. Les prêts FHA peuvent constituer une alternative réaliste pour les candidats ayant de faibles cotes de crédit ou un acompte modeste, mais ils sont parfois associés à des dépenses d'assurance hypothécaire initiales et récurrentes plus élevées.

Protections des emprunteurs : La Homeowners Protection Act (HPA) protège les emprunteurs avec PMI, y compris les exigences de divulgation, la possibilité de demander l'annulation du PMI et les normes de résiliation automatique du PMI.

Impact sur l'abordabilité : PMI augmente le coût global de l'accession à la propriété pour les emprunteurs en ajoutant des frais supplémentaires au versement hypothécaire mensuel. Les emprunteurs doivent inclure les dépenses liées au PMI dans leur budget lorsqu'ils déterminent la quantité de maison qu'ils peuvent acheter.

Le PMI peut être un outil utile pour les emprunteurs qui ne peuvent pas se permettre un acompte de 20 % mais qui souhaitent acheter une maison. Cependant, les emprunteurs doivent comprendre les coûts et les implications du PMI et envisager des options pour réduire ou éliminer le PMI, comme effectuer un acompte plus élevé ou refinancer le prêt hypothécaire.

QU'EST-CE QU'UN ÉCHANGE 1031 EN INVESTISSEMENT IMMOBILIER ?

Un échange 1031, également connu sous le nom d'échange de même type ou d'échange à impôt différé, est une stratégie fiscale que les investisseurs immobiliers emploient pour différer l'impôt sur les plus-values sur la vente d'immeubles de placement. C'est ainsi que fonctionne un échange 1031.

Un échange 1031 permet à un propriétaire immobilier de vendre un immeuble de placement et de réinvestir les bénéfices dans une autre propriété de même nature tout en évitant les impôts sur les plus-values sur la vente. Le terme « échange 1031 » fait référence à l'article 1031 de l'Internal Revenue Code, qui précise les règles et procédures pour de telles transactions.

Propriété de même nature : Pour être éligible à un échange 1031, le bien abandonné (bien en cours de vente) et le bien de remplacement (bien en cours d'acquisition) doivent être détenus à des fins d'investissement ou commerciales et être de même nature.

Le terme « de même nature » fait référence à la nature ou au caractère de l'investissement, et non au type de propriété (par exemple, résidentielle ou commerciale).

Période d'identification : Après avoir vendu le bien abandonné, l'investisseur dispose de 45 jours pour trouver un bien de remplacement approprié qui répond aux critères de similarité. L'identité doit être écrite et remise à l'intermédiaire qualifié (QI) ou au séquestre gérant la transaction.

Période d'échange : L'investisseur doit exécuter l'échange et acheter la propriété de remplacement dans les 180 jours suivant la vente de la propriété abandonnée. L'échange doit être effectué par l'intermédiaire d'un intermédiaire qualifié (QI), qui détient les bénéfices de la vente du bien abandonné et facilite l'acquisition du bien de remplacement.

Report d'impôt : En exécutant un échange 1031, l'investisseur peut reporter le paiement des impôts sur les plus-values sur la vente de la propriété abandonnée jusqu'à une date ultérieure, lorsque la propriété de remplacement sera vendue sans subir un autre échange

1031. L'impôt à payer est effectivement reporté sur le bien de remplacement.

Des bénéfices potentiels : Les bourses 1031 peuvent aider les investisseurs immobiliers à reporter leurs impôts, à diversifier leurs portefeuilles d'investissement, à augmenter leurs flux de trésorerie grâce à des améliorations ou à des améliorations immobilières, et à consolider ou échanger des propriétés pour de meilleures opportunités d'investissement.

Complexité et normes : L'IRS a établi des règles et des normes strictes pour les bourses 1031, et le non-respect de ces règles peut entraîner une disqualification et une pénalité fiscale immédiate. Pour négocier la complexité d'un échange 1031, les investisseurs doivent demander conseil à des spécialistes expérimentés tels que des intermédiaires qualifiés, des conseillers fiscaux et des avocats immobiliers.

Limites : Bien que les bourses 1031 offrent des avantages fiscaux considérables aux investisseurs immobiliers, elles ne conviennent pas à tous les scénarios d'investissement. Avant de rechercher une bourse 1031, les investisseurs doivent réfléchir attentivement à leurs objectifs d'investissement, à leur situation financière et à leur stratégie à long terme.

Dans l'ensemble, un échange 1031 peut constituer une stratégie fiscale efficace pour les propriétaires immobiliers cherchant à différer l'impôt sur les plus-values tout en augmentant le rendement de leurs immeubles de placement. Cependant, les investisseurs doivent comprendre les lois et procédures d'une bourse 1031 et obtenir des conseils professionnels pour garantir le respect des réglementations de l'IRS.

QU'EST-CE QU'UN HYPOTHÈQUE INVERSÉ ET COMMENT CELA FONCTIONNE ?

Une hypothèque inversée est un instrument financier accessible aux propriétaires âgés de 62 ans et plus qui leur permet de transformer une partie de la valeur nette de leur propriété en espèces tout en conservant la propriété de la propriété. Voici comment fonctionnent les prêts hypothécaires inversés :

Qualifications : Pour être admissible à une hypothèque inversée, les propriétaires doivent être âgés d'au moins 62 ans et disposer d'une valeur nette substantielle dans leur résidence principale. L'emprunteur doit également faire de la maison sa résidence principale et continuer à payer les impôts fonciers, l'assurance habitation et à l'entretenir.

Les prêts hypothécaires inversés sont classés sous de nombreuses formes, y compris les prêts hypothécaires de conversion sur valeur domiciliaire assurés par la FHA (HECM) et les prêts hypothécaires inversés exclusifs émis par des prêteurs privés.

Les HECM sont le type d'hypothèque inversée le plus courant et elles sont soumises à des restrictions et limitations spécifiques.

Montant du prêt : Le montant d'argent que les propriétaires peuvent emprunter au moyen d'un prêt hypothécaire inversé est déterminé par des critères tels que l'âge de l'emprunteur, la valeur estimative de la maison, les taux d'intérêt actuels et le type d'hypothèque inversée. En général, l'âge de l'emprunteur et la valeur de sa maison déterminent le montant qu'il peut emprunter.

Options de paiement : Les emprunteurs bénéficiant d'un prêt hypothécaire inversé disposent de nombreuses façons de recevoir des fonds, notamment un paiement forfaitaire, des versements mensuels, une marge de crédit ou une combinaison de ceux-ci. L'emprunteur peut sélectionner le mode de paiement qui répond le mieux à ses besoins et aspirations financiers.

Aucun paiement mensuel : Contrairement aux prêts hypothécaires classiques, les emprunteurs n'ont pas à effectuer de versements mensuels sur un prêt hypothécaire inversé.

Au lieu de cela, le montant du prêt augmente avec le temps et des intérêts sont facturés sur la dette impayée. Le prêt est normalement restitué lorsque l'emprunteur vend la maison, déménage définitivement ou décède.

Remboursement **:** Lorsque l'hypothèque inversée arrive à échéance, soit parce que l'emprunteur est décédé ou que la maison n'est plus occupée comme résidence principale, la dette doit être remboursée. Les héritiers ou la succession de l'emprunteur peuvent choisir de rembourser le prêt en vendant la maison, en la refinançant avec une hypothèque standard ou en la remboursant avec d'autres actifs.

Impact sur la valeur nette du logement : Étant donné que le montant du prêt augmente avec le temps, une hypothèque inversée peut diminuer la valeur nette de la propriété du propriétaire. Les emprunteurs, quant à eux, sont protégés par une clause de non-recours, ce qui signifie qu'eux-mêmes ou leurs successeurs ne devront jamais plus que la valeur de la maison au moment du remboursement.

Exigence en matière de counseling : Avant de recevoir un prêt hypothécaire inversé, les consommateurs doivent consulter un conseiller en logement agréé par le HUD. La séance de conseil informe les emprunteurs sur les risques et les avantages d'un prêt hypothécaire inversé, leur permettant ainsi de porter un jugement éclairé quant à savoir si c'est la meilleure option financière pour eux.

Les prêts hypothécaires inversés peuvent être un instrument financier efficace pour les propriétaires âgés de 62 ans et plus qui ont besoin de liquidités et souhaitent accéder à la valeur nette de leur maison sans vendre. Cependant, avant de procéder, les emprunteurs doivent d'abord comprendre les conditions, les frais et les risques liés aux prêts hypothécaires inversés, ainsi qu'examiner attentivement leurs objectifs et leur situation financiers.

QU'EST-CE QU'UNE VENTE À COURT EN IMMOBILIER ET COMMENT CELA FONCTIONNE-T-IL ?

Une vente à découvert est une transaction immobilière dans laquelle le propriétaire vend la propriété à un prix inférieur au solde hypothécaire impayé, avec l'approbation du prêteur. Les ventes à découvert sont généralement pratiquées par des propriétaires qui éprouvent des difficultés financières et n'ont plus les moyens d'effectuer leurs versements hypothécaires. C'est ainsi que fonctionne une vente à découvert.

Difficulté financière : Si un propriétaire est confronté à des difficultés financières, telles qu'une perte d'emploi, un divorce, des frais médicaux ou un prêt hypothécaire à taux variable qui a été réinitialisé à un taux d'intérêt plus élevé, il peut envisager une vente à découvert. Le propriétaire doit montrer au prêteur qu'il n'est pas en mesure de continuer à effectuer ses versements hypothécaires et qu'il risque de faire défaut.

Consentement du prêteur : Avant de mettre la propriété en vente à découvert, le propriétaire doit obtenir le consentement de son(ses) prêteur(s) hypothécaire(s).

Le prêteur évaluera la situation financière du propriétaire, examinera les preuves des difficultés et déterminera si une vente à découvert est une alternative acceptable à la saisie.

Liste de la propriété : Une fois que le prêteur accepte la vente à découvert, la propriété est proposée à la vente sur le marché libre aux côtés d'autres propriétés. Pour attirer des acheteurs potentiels et faciliter une transaction, le prix d'inscription est souvent fixé à un niveau inférieur au solde hypothécaire impayé.

Acceptation d'une offre : Lorsqu'un acheteur fait une offre sur la propriété, celle-ci est soumise à l'acceptation de la vente à découvert par le prêteur. Le propriétaire et son agent immobilier envoient l'offre au prêteur, accompagnée d'un dossier de vente à découvert comprenant des documents financiers, une lettre de difficultés et une proposition de règlement.

Négociation avec le prêteur : le prêteur évalue l'offre de l'acheteur et les informations financières du propriétaire avant de décider d'accepter, de rejeter ou de contrer l'offre.

Le processus de négociation peut être long et compliqué, car le prêteur doit équilibrer la perte possible d'une vente à découvert avec les coûts de saisie.

Clôture de la vente : Si le prêteur autorise la vente à découvert, la transaction passera à l'étape de clôture, tout comme une vente immobilière typique. L'acheteur finalise l'achat de la propriété et les bénéfices de la vente sont utilisés pour rembourser le solde hypothécaire restant, les frais de clôture et tout autre privilège ou charge sur la propriété.

Jugement de carence : À la suite de la vente à découvert, le prêteur peut pardonner l'obligation impayée du propriétaire. Cependant, dans les États qui autorisent les jugements pour déficit, le prêteur peut poursuivre le propriétaire pour le déficit, c'est-à-dire la différence entre le montant de l'hypothèque dû et le prix de vente de la propriété.

Les ventes à découvert peuvent constituer une alternative viable pour les propriétaires qui connaissent des difficultés financières et doivent vendre leur maison, mais qui doivent plus sur leur prêt hypothécaire que la valeur de leur propriété. Les ventes à découvert, en revanche, sont des transactions complexes nécessitant la collaboration entre le propriétaire, son prêteur, les acheteurs et les spécialistes de l'immobilier. Les propriétaires qui envisagent une vente à découvert devraient obtenir les conseils d'agents immobiliers expérimentés et de juristes connaissant bien le processus.

QUELS SONT LES COÛTS CACHÉS DE L'ACCESSION À LA PROPRIÉTÉ ?

Oh, les plaisirs de posséder ! Cependant, avant de signer sur la ligne pointillée, vous devez être conscient des coûts cachés associés à la propriété immobilière. Voici un aperçu de ce à quoi vous attendre :

Les taxes foncières varient considérablement selon l'endroit où vous habitez. Préparez-vous à budgétiser les paiements annuels de l'impôt foncier, qui peuvent augmenter avec le temps.

L'assurance habitation protège votre investissement. Les primes varient en fonction de la région, de la valeur de la propriété et des choix de couverture. N'oubliez pas de l'inclure dans votre budget mensuel.

Entretien et réparations : Les maisons nécessitent un entretien régulier ainsi que des réparations périodiques. Prévoyez des dépenses telles que l'entretien du gazon, l'entretien du CVC, les réparations de plomberie, etc. C'est une bonne idée de mettre de l'argent de côté pour les réparations imprévues.

Utilitaires : N'oubliez pas vos frais mensuels de services publics ! Tenez compte des dépenses d'électricité, d'eau, de gaz, d'enlèvement des déchets et de tout autre service public spécifique à votre région.

Frais HOA : Si vous résidez dans une communauté avec une association de propriétaires (HOA), vous paierez probablement des frais mensuels ou annuels pour entretenir les espaces et les installations communes. Avant d'acheter une propriété dans l'un de ces quartiers, assurez-vous de bien comprendre les réglementations et les frais de la HOA.

Les frais de clôture comprennent les frais d'évaluation, d'inspection, d'assurance titres et de services juridiques qui sont souvent engagés lors de l'achat d'une maison. Prévoyez de couvrir ces dépenses initiales en plus de votre mise de fonds.

En incluant ces dépenses cachées dans votre budget et votre planification financière, vous serez mieux préparé aux obligations liées à l'accession à la propriété et pourrez profiter de votre nouvelle maison en toute confiance.

QUELLES SONT QUELQUES CONSIDÉRATIONS IMPORTANTES LORSQU'ON INVESTIT DANS DES PROPRIÉTÉS LOCATIVES ?

Investir dans des immeubles locatifs peut être une entreprise rentable, car elle offre un revenu passif, des allégements fiscaux et un potentiel de croissance à long terme. Voici quelques facteurs importants à prendre en compte lors de l'investissement dans des propriétés locatives :

L'emplacement est l'une des considérations les plus importantes lors de l'investissement dans des propriétés locatives. Recherchez des propriétés dans des quartiers populaires qui ont une forte demande de location, de faibles taux d'inoccupation et des possibilités d'expansion future. Tenez compte de la proximité des installations telles que les écoles, les parcs, les centres commerciaux et les transports en commun.

Type de propriété : Choisissez d'investir dans des propriétés locatives résidentielles ou commerciales, des maisons unifamiliales, des unités multifamiliales, des copropriétés ou des immeubles d'appartements. Chaque forme de propriété présente des avantages et des inconvénients en termes de revenus locatifs, d'obligations de gestion et de potentiel de plus-value.

Analyse financière : Effectuez une analyse financière détaillée des propriétés locatives possibles pour déterminer leur potentiel de revenus, leurs dépenses, leurs flux de trésorerie et leur retour sur investissement. Tenez compte des facteurs suivants : les revenus de location, les dépenses d'exploitation, les impôts fonciers, les assurances, les frais d'entretien, les taux d'inoccupation et les conditions de financement.

Tendances du marché : Examinez les tendances du marché local et les indicateurs économiques pour trouver des endroits avec une forte demande de location et des circonstances de marché locatif appropriées. Faites attention à des éléments tels que la croissance de l'emploi, la croissance démographique, les taux de chômage et le revenu médian des ménages.

État de la propriété : Évaluez l'état de la propriété et toutes les réparations, rénovations ou améliorations nécessaires pour la rendre rentable. Pensez à embaucher un inspecteur en bâtiment professionnel pour rechercher tout défaut caché ou problème structurel qui pourrait influencer la valeur ou les revenus locatifs de la propriété.

Sélection des locataires : Créez une procédure rigoureuse de sélection des locataires pour identifier les locataires fiables et responsables qui paieront le loyer à temps, entretiendront la propriété et respecteront les conditions du contrat de location.

Effectuer des vérifications des antécédents, des vérifications de crédit et des antécédents de location pour déterminer la pertinence des locataires potentiels.

Gestion de la propriété : Choisissez de gérer vous-même le bien locatif ou de faire appel à une entreprise de gestion immobilière professionnelle pour gérer les opérations quotidiennes telles que les communications avec les locataires, les demandes d'entretien, la perception des loyers et l'application des baux. Les frais de gestion immobilière représentent normalement une proportion des revenus locatifs, mais ils peuvent faire gagner du temps et des efforts aux investisseurs occupés.

Conformité légale et réglementaire : Familiarisez-vous avec la législation propriétaire-locataire, les réglementations en matière de logement équitable et les réglementations locales en matière de location dans la zone où vous avez l'intention d'investir. Pour éviter les problèmes juridiques ou les litiges entre locataires, assurez-vous que vos contrats de location, vos règles de location et vos méthodes de gestion immobilière sont conformes à toutes les lois et réglementations applicables.

Gestion des risques: Tenez compte des risques liés à l'investissement dans des propriétés locatives, tels que les dommages matériels, les réclamations en responsabilité, les défauts de loyer, les ralentissements économiques et les dépenses imprévues. Pensez à souscrire une assurance propriétaire, une assurance parapluie et à mettre de côté des fonds pour l'entretien et les réparations afin de réduire les dangers potentiels.

Stratégie à long terme : Créez une stratégie d'investissement à long terme basée sur vos objectifs financiers, votre tolérance au risque et votre calendrier d'investissement. Tenez compte de l'appréciation du capital, de la croissance des revenus locatifs, des avantages fiscaux et d'éventuelles stratégies de vente ou de refinancement.

Investir dans des logements locatifs peut être une méthode rentable pour accumuler de la richesse et gagner un revenu passif au fil du temps. En évaluant soigneusement ces aspects critiques et en effectuant une diligence raisonnable approfondie, les investisseurs peuvent prendre des décisions plus éclairées et optimiser les bénéfices potentiels de leurs investissements immobiliers locatifs.

QUELS SONT QUELQUES CONSEILS POUR NÉGOCIER LE PRIX D'ACHAT D'UNE MAISON ?

La négociation du prix d'achat d'une maison est un élément important du processus d'achat d'une maison et peut affecter considérablement le coût total de la propriété. Voici quelques stratégies pour négocier le prix d'achat d'une maison :

Faire votre recherche : Examinez les maisons comparables dans le quartier pour avoir une idée de la valeur marchande et des prix de vente actuels de maisons similaires. Tenez compte de critères tels que l'emplacement, la taille, l'état, les commodités et les rénovations ou améliorations récentes.

Connaissez votre budget : Déterminez combien vous pouvez vous permettre de dépenser pour une propriété, y compris la mise de fonds, les frais de clôture et les versements hypothécaires mensuels. Obtenez une pré-approbation pour un prêt hypothécaire afin de démontrer votre stabilité financière et votre pouvoir de négociation en tant qu'acheteur.

Identifiez vos priorités : Tenez compte de l'emplacement, de la taille, de la disposition, des commodités et du potentiel d'appréciation future de votre maison. Pour respecter votre budget, soyez prêt à sacrifier certaines fonctionnalités ou avantages.

Comprendre l'objectif du vendeur : Déterminez le but du vendeur pour vendre la maison, qui pourrait être un déménagement, une réduction des effectifs, des problèmes financiers ou une annonce expirée. Ces informations peuvent vous aider à modifier votre stratégie de négociation pour répondre aux demandes et aux intérêts du vendeur.

Faites une offre compétitive : Basez votre offre sur la valeur marchande de la propriété, votre budget et le prix demandé par le vendeur. Joignez une lettre de pré-approbation de votre prêteur pour vérifier votre stabilité financière et votre sérieux en tant qu'acheteur.

Négocier stratégiquement : Lorsque vous négociez le prix d'achat, tenez compte des circonstances du marché, de la durée de mise sur le marché de la propriété et de toute offre concurrente. Préparez-vous à négocier les prix, les frais de clôture, les réparations, les imprévus et d'autres paramètres de vente afin de parvenir à un accord mutuellement acceptable.

Demander des inspections : Planifiez une inspection de la maison pour découvrir tout défaut ou défaut potentiel pouvant affecter la valeur de la propriété ou nécessiter des réparations. Utilisez le rapport d'inspection comme levier dans les négociations pour demander des réparations, des crédits ou un prix d'achat inférieur.

Restez flexible : Soyez prêt à faire des compromis et à négocier de bonne foi pour parvenir à un accord mutuellement avantageux avec le vendeur. Évitez de formuler des demandes irréalistes ou des ultimatums qui pourraient compromettre le processus de négociation ou gâcher votre relation avec le vendeur.

Envisagez d'embaucher un agent immobilier qualifié qui a de l'expérience dans la négociation des prix d'achat d'une maison et qui peut donner des conseils d'experts pendant le processus de négociation. Un agent peut vous aider à naviguer dans des discussions complexes, à gérer la paperasse et à défendre vos intérêts en tant qu'acheteur.

Soyez patient et persévérant : Négocier le prix d'achat d'une maison peut prendre du temps, avec de nombreuses séries d'offres et de contre-offres. Faites preuve de patience, de persévérance et de positivité pendant le processus de négociation et soyez prêt à vous retirer si les conditions de vente ne sont pas avantageuses ou réalistes pour vous en tant qu'acheteur.

En suivant ces directives et en abordant le processus de négociation avec préparation, stratégie et flexibilité, vous pouvez améliorer vos chances de négocier avec succès un bon prix d'achat pour votre propriété idéale. N'oubliez pas d'être informé, de communiquer efficacement et de travailler à une situation gagnant-gagnant pour vous et le vendeur.

CONCLUSION

Pour résumer, naviguer dans le monde de l'immobilier peut être à la fois passionnant et intimidant, en particulier pour les premiers acheteurs qui sont confrontés à une multitude d'options et de considérations. « Les questions et réponses ultimes sur l'immobilier : 50 questions que chaque acheteur DOIT poser » s'efforce de fournir des informations et des informations vitales aux acheteurs de maison, leur permettant ainsi de prendre des décisions éclairées tout au long de leur parcours.

De la compréhension des nuances des alternatives hypothécaires à la négociation de la complexité des transactions immobilières, ce livre aborde des questions vitales dans un style conversationnel et accessible. En abordant des sujets tels que le financement immobilier, les inspections immobilières, les méthodes de négociation, etc., les lecteurs acquièrent une connaissance approfondie de l'environnement immobilier et se sentent prêts à affronter le processus d'achat d'une maison en toute confiance.

Chaque question agit comme un tremplin, amenant les lecteurs à travers les complexités des transactions immobilières tout en fournissant des conseils utiles, des exemples concrets et des solutions concrètes. Que vous soyez un premier propriétaire ou un investisseur chevronné, ce livre vous aidera à naviguer facilement dans les complexités du marché immobilier.

Lorsque vous atteignez la dernière page, n'oubliez pas que la connaissance est votre outil le plus puissant dans le secteur immobilier. Grâce aux connaissances acquises grâce aux « Questions et réponses ultimes sur l'immobilier », vous serez mieux équipé pour vous lancer dans votre parcours d'achat d'une maison avec confiance, clarté et joie. Bonne recherche de maison !

RECONNAISSANCE

Écrire « Les questions et réponses ultimes sur l'immobilier : 50 questions que chaque acheteur doit poser » a été une expérience extrêmement satisfaisante, et je suis reconnaissant à tous ceux qui ont contribué à faire de ce livre une réalité.

Avant tout, je voudrais exprimer ma sincère gratitude aux lecteurs qui m'ont encouragé à créer cette ressource. Votre curiosité, votre enthousiasme et votre passion pour l'immobilier m'ont inspiré à approfondir les complexités du processus d'achat d'une maison et à simplifier des concepts compliqués en réponses simples et concises.

Je suis reconnaissant envers ma famille et mes amis pour leur soutien et leurs encouragements constants tout au long du processus d'écriture. Votre conviction en moi a été une source constante de motivation et j'apprécie votre patience, votre compréhension et vos commentaires encourageants tard le soir et tôt le matin devant mon ordinateur.

J'aimerais également exprimer ma sincère gratitude aux spécialistes de l'immobilier, aux experts hypothécaires et aux conseillers juridiques qui ont aimablement apporté leurs connaissances, leurs idées et leur expertise. Vos conseils ont été cruciaux pour affiner le contenu de ce livre, garantissant son exactitude et son utilité pour les lecteurs.

Un merci tout spécial à l'équipe de la maison d'édition pour son travail acharné, son professionnalisme et son souci du détail pour concrétiser ce livre. Votre enthousiasme pour la littérature de haute qualité et votre dévouement à la perfection ont contribué à faire de mon idée une réalité.

Enfin, je tiens à exprimer ma sincère gratitude aux innombrables personnes qui travaillent sans relâche dans les coulisses pour assurer la prospérité du secteur immobilier. Des agents immobiliers et courtiers hypothécaires aux inspecteurs en bâtiment et agents de titres, votre travail acharné, votre dévouement et votre professionnalisme constituent le fondement du secteur du logement.

Je tiens à exprimer ma sincère gratitude à tous ceux qui ont contribué à faire de « The Ultimate Real Estate Q&A » une réalité. Puisse ce livre être une excellente ressource et un guide pour les acheteurs de maison du monde entier alors qu'ils commencent leur parcours vers l'accession à la propriété.

Avec une sincère appréciation,

www.ingramcontent.com/pod-product-compliance
Lightning Source LLC
Chambersburg PA
CBHW052201220526
45471CB00004B/1765